¡Necesito a papá! es un recurso inestimable que provee herramientas para ayudar a los hombres a ser las clases de padres que sus hijos necesitan que ellos sean. Este libro, no solamente ayuda a los padres, sino muestra cómo instituciones como las iglesias, pueden contribuir a la lucha para terminar la ausencia paterna en el hogar. Con 24 millones de niños viviendo separados de sus padres, *¡Necesito a papá!* es un medio práctico y oportuno, justo al tiempo, para involucrar a madres, padres y comunidades en un momento cuando no podemos ignorar ni a un solo niño sin padre.

—ROLAND C. WARREN, PRESIDENTE,
NATIONAL FATHERHOOD INITIATIVE

Cualquiera que esté considerando tener un hijo necesita leer este recuento honesto y revelador de cómo han sido las cosas y siguen siendo...Mi mayor respeto a Ofelia Pérez por encontrar el valor y la tenacidad de traer esta herramienta tan necesaria para educar a los padres. Necesitamos medidas preventivas para romper los patrones que llevan a nuestros niños a escoger el mal camino. ¿Por qué los hombres y las mujeres no realizarían un trabajo sin el entrenamiento adecuado, pero dejan al azar la labor de ser padres? Éste es el tiempo para que los hombres reconozcan que ser padres diferentes a como fueron sus padres y abuelos no es un acto desleal hacia aquellos. Tenemos que evolucionar. Mujeres, paren de evitar que los hombres evolucionen hacia su máximo potencial como padres. Reconozcan ya que lo que ustedes valen no tiene que depender de su rol maternal.

—SUZANNE STANTON
PSICOTERAPISTA Y TRABAJADORA SOCIAL CLÍNICA

¡NECESITO A PAPÁ!

¡NECESITO A PAPÁ!

OFELIA PÉREZ

CASA
CREACIÓN

"Yo seré un padre para ustedes, y ustedes serán mis hijos y mis hijas, *dice el Señor Todopoderoso*" (2 Corintios 6:18, Nvi).

La mayoría de los productos de Casa Creación están disponibles a un precio con descuento en cantidades de mayoreo para promociones de ventas, ofertas especiales, levantar fondos y atender necesidades educativas. Para más información, escriba a Casa Creación, 600 Rinehart Road, Lake Mary, Florida, 32746; o llame al teléfono (407) 333-7117 en Estados Unidos.

¡Necesito a papá! por Ofelia Pérez
Publicado por Casa Creación
Una compañía de Charisma Media
600 Rinehart Road
Lake Mary, Florida 32746
www.casacreacion.com

A menos que se exprese lo contrario, todas las citas de la Escritura están tomadas de la Santa Biblia, Nueva Versión Internacional ©1999 por la Sociedad Bíblica Internacional (marcada nvi). Usada con permiso.

Diseño de la portada: Eric López
Director de diseño: Bill Johnson

Library of Congress Control Number: 2011922938
ISBN: 978-1-61638-506-4
E-book ISBN: 978-1-61638-507-1

11 12 13 14 15 * 5 4 3 2 1

Impreso en los Estados Unidos de América

DEDICATORIA

A mis amados hijos Sara y Aldo, mi
orgullo y mi mayor victoria:

Si lo único que les dejara como herencia fuera
mi testaruda fe en el Dios que siempre contesta
las oraciones y el discernimiento de seguir la
guía del Espíritu Santo, entonces yo habré hecho
el trabajo que nuestro Padre me encomendó.

AGRADECIMIENTOS

DIOS SIEMPRE TIENE su plan. Él coordina la orquesta y ordena todo sin que lo veamos. Ya entendí mi trayectoria: mis decisiones académicas; mi obsesión por el estudio continuo del ser humano; mi empeño en conectar mis hallazgos con la Palabra de Dios; mi pasión por escribir y por los libros; mi habilidad de convertir en aprendizajes mis lecciones de vida; y mi profundo sentido de gratitud.

Papá Dios, quisiera pararme en la montaña más alta y gritar bien fuerte: ¡Gracias, Señor! Si no puedo, no importa. Tú me escuchas dondequiera, en cualquier volumen o tono y hasta desde mis adentros. Tú sabes que mi pensamiento es una continua oración de gratitud hacia ti.

Todo lo haces hermoso a tu tiempo.

En su plan para este proyecto, Dios trajo a mi vida sus canales de bendición. Les expreso mi gratitud, con todo mi corazón, a:

> Casa Creación, mi editorial; su directora ejecutiva, Lydia Morales; su vicepresidenta, Tessie Güell DeVore; y todos aquellos con quienes tuve la oportunidad de trabajar en este proyecto—Ustedes compartieron mi visión de llevar el mensaje de este libro a nuestra sociedad, que tanto lo necesita. Dios los continúe bendiciendo por su decidida labor de educar al pueblo de Dios.

Ofelia Rivera Díaz—Descubriste mi talento como escritora y le viste un futuro mucho más allá de lo que yo alcanzaba a ver a mis catorce años de edad. Fuiste la primera y fiel admiradora de mi carrera periodística. Gracias, mami, por mirar más allá de mí, y estar tan segura de que yo tendría un día como el de hoy.

Shirley Font—"En todo tiempo ama el amigo, y es como un hermano en tiempo de angustia" (Proverbios 17:17). Si me pidieran una definición de amistad, diría tu nombre. Comadre, gracias por nuestros acuerdos de oración.

Suzanne Stanton—Desde que te hablé de este proyecto, lo endosaste y creíste en él. Confirmaste la validez de mis estudios de muchos años, con tu experiencia profesional. Me impulsaste sin tregua a terminarlo y ¡aquí está!

Jorge Bonilla—Me empeñé en hacer, de este libro, un proyecto en dos idiomas. Tú estuviste dispuesto a aportar tu talento y tu tiempo para que yo cumpliera mi objetivo. ¡El Señor te colme de bendiciones!

TABLA DE CONTENIDO

INTRODUCCIÓN

TODOS LOS DÍAS me maravilla la perfección de Dios y sus propósitos, a menudo inesperados. Hace dos años, le pedí al Señor que me indicara cuál de los borradores de libros que tenía, debía terminar para someter a publicación. Yo tenía mi propia contestación. Como acostumbra el Señor, me despertó con una respuesta distinta: "De los que tienes, ninguno. Vas a escribir sobre la falta de padre en la familia".

¿Quién, yo? Me sentí muy extraña porque siempre he sido defensora de la mujer, su rol, su debilidad y su realidad social. Me he distinguido por exponer su inmensa carga de trabajo y ser una enemiga pública del abuso contra ella, especialmente en la relación familiar. ¿Escribir sobre la necesidad del padre en el hogar? Eso dolió. Sin embargo, yo acostumbro obedecer a mi Padre aunque no entienda sus instrucciones. Me dediqué a recopilar información, a descubrir realidades estadísticas que ignoraba, y a integrar mis conocimientos, estudios, y experiencias en consejería ministerial, de muchos años.

En el camino, me di cuenta de que mi enfoque de defender a la mujer está perfectamente de acuerdo con mi asignación. Cualquier esfuerzo por proteger a la mujer es en vano si no educamos al hombre, y si no le exigimos y fomentamos en él la responsabilidad que le corresponde. Nos esforzamos tanto en educar a la mujer, que olvidamos educar al hombre, y ahora su convivencia está despareja.

Recorrí el asombroso viaje que comparto en este libro y sé que no termina aquí. Descubrí que hemos aceptado circunstancias sociales como muy normales, mientras la falta de paternidad en los hogares nos ha convertido en una sociedad desequilibrada.

Igual que muchos problemas que llaman "sociales" a fuerza de generalizarse, hemos adoptado la ausencia de padre en el hogar como buena, como un nuevo estilo de vida, y nos conformamos. El hecho de que algo ocurra todos los días no lo convierte en bueno; sólo en común. Dios es bien claro en su manual de instrucciones. Lo que está mal, está mal, y lo que no conviene, no conviene. Y aunque el mundo, inclusive muchos cristianos, quieran justificar ciertas conductas, Dios en su infinita sabiduría es muy claro amonestando a sus hijos sobre las consecuencias de ciertas decisiones. Se pretende dar tonos grises a estilos de vida que son blancos o negros; que convienen o que no convienen. Y este punto de vista no es religión ortodoxa; es realidad de vida diaria.

La gente quiere vivir en compartimientos y aplicar sus creencias espirituales a su antojo. Pretenden establecer una diferencia tajante entre la moral y las enseñanzas de la Palabra de Dios. Dios nos dio libre albedrío, como el que nosotros le debemos respetar a nuestros hijos cuando son mayores de edad. No obstante, nos proveyó lecciones y guías sobre todo, y señaló las consecuencias de cada conducta. Es hora de que cristianos y no cristianos entiendan que los valores no son fanatismo religioso. Tenemos un Papá que advierte lo que nos espera según lo que hagamos y, al final, vemos manifestado que todo tiene una razón. Dicen que los bebés no traen un manual de instrucciones. Bueno, no traen manual sobre cómo cambiarles los pañales ni sobrevivir a las malas noches. No necesitan traer un manual de crianza porque ya está aquí y se llama Biblia.

Dios creó a la pareja: papá y mamá. Independientemente de cómo las culturas interpreten esos roles, Él tenía y tiene su plan.

Si desafiamos el plan, tenemos desbarajustes de proporciones catastróficas, aún mayores que los que se registran en estadísticas. No solamente hizo su plan de que hubiera un padre terrenal, sino Él mismo se manifiesta como ejemplo del Padre justo, balanceado y perfecto. El ser humano, en su afán de usar a su antojo el libre albedrío, ha violentado la importancia del padre terrenal, con unas consecuencias tristes para millones de personas, la comunidad y toda la nación.

Existen dos tipos de ausencia paterna:

1. La ausencia física absoluta, que es la que se mide continuamente, y la que cuesta a esta nación $100 mil millones anuales.

2. La presencia fantasmagórica del padre, es decir, la ausencia del padre que vive en la casa, como si no estuviera.

Ni hombres ni mujeres quieren admitir que la falta de presencia paterna efectiva tiene unos efectos que van mucho más allá de lo obvio. Cada vez que se llama la atención sobre un problema como éste, se activa la negación, y la gente hace comentarios como: "Eso no es conmigo" o "Eso ya no es así" o "Mi padre nunca me ha hecho falta" o "Esas cifras son de estudios americanos hechos por allá y no nos aplican". La gente quiere pensar que eso pasa allá, lejos, en el otro lado del mundo.

Si los padres viven dentro de la casa, la familia completa es capaz de negar que el padre está ausente, aunque todos sean infelices por la indiferencia que demuestra el padre. Los padres latinos, que de hecho constituyen una alarmante proporción de los ausentes, no permiten ni que se les insinúe esto. Le dejan el paso a los cristianos, que aseguran que esto solamente ocurre en el mundo secular. Pues no. Me apena, pero el problema es muy común en las iglesias, donde tenemos el máximo ejemplo de presencia y responsabilidad paterna: Dios.

Hay una ausencia paterna que no se registra ni se ve a simple vista. Ésa es la de los padres que viven con sus hijos y no cumplen con su rol de padre. A la corta o a la larga, los hijos sufren las mismas consecuencias que aquellos que no viven con su padre. El hijo no tiene una figura masculina responsable por quién modelar su conducta, prolongando el ciclo de familias disfuncionales. La hija no tiene modelo de hombre que le sirva de referencia para escoger una pareja adecuada y establecer un hogar balanceado. Va, una relación tras otra, sin saber que busca un padre en vez de un esposo. Sus vidas y las de sus hijos se perjudican como un efecto dominó, una generación tras otra.

No hay forma de contabilizar el espantoso número de hombres y mujeres que cometen "crímenes" contra ellos mismos, como resultado de no haber contado con un padre efectivo. El dolor, la selección incorrecta de cónyuge, el temor, la negación, las profecías autorealizables negativas, las relaciones disfuncionales, los matrimonios desequilibrados, y las luchas de sobrevivencia emocional y física son algunas consecuencias. Éstas llevan a tomar decisiones que van en contra de nuestros propios intereses... aún cuando seamos personas muy inteligentes. Contrario a lo que muchos creen u opinan, el intelecto corre paralelo a las emociones. Tú puedes ser sumamente inteligente y ser capaz de traicionarte emocionalmente.

Sin embargo, sobrevives y aprendes a vivir sin culpar a tus padres de todos tus males. De todas maneras, cada cual funciona con el equipo que trae o recibió, y nadie puede dar de lo que no ha recibido. Hay un momento en que culpas a tus padres, pero cuando llegas a adulto, te llega la hora de asumir responsabilidad sobre tu propia vida. Trabajas con tu "herencia", aprendes de esas cargas, y tomas decisiones propias. Pero inconscientemente te persigue ese vacío. Cuando piensas que te has "desprendido de tu equipaje", miras tus experiencias y te das cuenta de que aún reaccionas a base de la falta de un padre efectivo. Te pasas la mayor parte de tu vida en la continua búsqueda del padre que no estuvo. Lo único que te libera es reconocer la presencia eterna del Padre espiritual. Para muchos, llegar a los brazos de este Padre incondicional es muy difícil cuando no se ha podido establecer una buena relación con el padre natural.

La mente humana puede ser tan ilógica como interesante. Tendemos a repetir patrones de conducta y situaciones que nos resultan familiares. Es posible que los nuevos comportamientos sean más gratificantes y saludables, pero al ser desconocidos, te asustas. Prefieres y buscas las relaciones al estilo anterior, por ser el modo que conoces y que te resulta familiar, aunque sea destructivo e intimidante.

De todas maneras, aprendes a vivir y a tomar decisiones sabias, te obsesionas con trazar el destino de tu hijo, de tal modo que no pase por lo que tú pasaste. Pero en el proceso de selección de pareja, puede traicionarte la ausencia paterna que arrastrabas. Tarde o temprano, tus hijos son tan huérfanos de padre como tú, tal vez en una forma menos dramática.

Antes de continuar, aclaro que todo el contenido de este libro aplica a individuos que están dentro de unos parámetros normales de salud mental. Las recomendaciones son muy diferentes cuando tratamos con padres/maridos criminales, abusadores, drogadictos, alcohólicos o sicóticos. Ellos pertenecen al consultorio de un profesional de salud mental, al hospital psiquiátrico, a la cárcel o al centro de rehabilitación. No tienen, por ellos mismos, la capacidad de hacer cambios en su rol de padres, a menos que resuelvan primero su enfermedad. En estos casos, la alternativa es enseñar a los hijos el perdón de Dios y colaborar a que se liberen de cualquier sentimiento de culpa y baja autoestima. A ese nivel, los hijos deben protegerse para no recibir más daño del que esté hecho.

Tengo fe en que la gran mayoría de las futuras familias pueden salvarse de este gran problema. Las estadísticas de hogares sin padre y sus consecuencias son escandalosamente altas. Las dinámicas del padre ausente dentro del hogar son la orden del día. Sin embargo, estamos a tiempo de prevenir y resolver. Sólo necesitamos admitir el problema, volvernos al ejemplo del Padre celestial, determinarnos y trabajar.

Yo no creo en exponer, discutir y gritar un problema sin buscarle solución. Ése era mi lema en un programa de radio que producía y conducía en Puerto Rico. Los medios de comunicación están llamados a presentar alternativas a los problemas y no a poner a la gente más nerviosa de lo que está. Tampoco creo en las soluciones que no van a las raíces de las situaciones. De todo eso trata este libro.

Primero, enfrentaremos la magnitud de la situación. Segundo, examinaremos las causas. Tercero, definiremos las conductas. Cuarto, presentaremos soluciones preventivas y remediativas, a nivel individual y social. Quinto, le asignaremos responsabilidad a quienes corresponde, para que cada cual haga su parte.

Enfatizaremos el efecto que tiene todo esto en la vida espiritual y la relación con Dios, que es la base de la vida misma. Sin Él nada podemos hacer.

A veces le hablaré a papá, otras veces a mamá, y otras a la

pareja. Algunos momentos serán muy serios o analíticos. En otros, espero que te diviertas mientras aprendes.

A ti, papá, quiero hacerte claro este mensaje: eres imprescindible en tu familia, para tus hijos y para los hijos de tus hijos. Nunca abandones a tus hijos. Lee este libro y toma decisiones firmes si eres un padre ausente de cualquier categoría. Reconoce tu responsabilidad, arrepiéntete e inicia el camino hacia una paternidad que haga honor a ese privilegio que Dios te dio.

A ti, mamá, en la tarea de lograr un padre presente para tus hijos, te digo que hay momentos de exigir, momentos de educar, momentos de dirigir y momentos de ayudar. Pero él tiene que hacer lo que está llamado a hacer. Deja de justificarlo. Ora para que Dios trabaje en ti cualquier decepción de tu corazón, y permitas que el padre de tus hijos cumpla con el compromiso que Dios le asignó.

En el amor de Cristo,

Ofelia

El cheque por cien mil afanes

Hijo,
Si quieres amarme, bien puedes hacerlo,
tu cariño es oro que nunca desdeño.

Mas quiero comprendas que nada me debes,
soy ahora el padre, tengo los deberes.

Nunca en las angustias por verte contento,
he trazado signos de tanto por ciento.

Ahora, pequeño, quisiera orientarte:
mi agente viajero llegará a cobrarte.

Será un niño tuyo, gota de tu sangre,
presentará un cheque de cien mil afanes...

Llegará a cobrarte, y entonces mi niño
como un hombre honrado,
a tu propio hijo deberás pagarle.

—Rudyard Kipling

Capítulo 1

HUÉRFANOS DE PADRE

U NO DE CADA tres niños residentes en los Estados Unidos no vive con su padre biológico. Eso representa el treinta y tres por ciento (una tercera parte) de los niños en este país, o sea, veinticuatro millones de niños. Si tenemos una población de trescientos millones de habitantes, una duodécima parte está compuesta por niños que no viven con su padre. Uno de cada tres de esos niños es hispano.

La falta de presencia física del padre se reconoce como el problema social más grande de nuestra nación. Sin embargo, en el 1960, sólo el once por ciento de los niños vivía sin su padre. Hemos perdido mucho desde entonces. Lo peor es que el efecto de este problema es causativo. Si descartamos los factores de raza, nivel educativo, país de origen, clase social, nivel económico o religión, todavía la falta de padre en el hogar prevalecería como causa o factor determinante en los problemas que han probado ser consecuencia de la ausencia paterna.

Los hijos de padres ausentes...

...Son de 2 a 3 veces más propensos a ser pobres y a usar drogas; a tener problemas educativos, de salud, emocionales y de conducta; a ser víctimas de abusos; y a ser criminales.

...Son 5 veces más propensos a ser pobres en su adultez.

...El 54% es más propenso a ser más pobre que su padre.

…Son 2.3 veces más propensos a morir durante su primer año de vida.

Constituyen…

…El 85% de los desórdenes de conducta

…El 90% de los que se escapan de su hogar

…El 71% de los desertores escolares

…El 75% de los pacientes en los centros de abuso de sustancias

…El 63% de los suicidas

…El 80% de los violadores sexuales

…El 70% de los confinados en instituciones juveniles

…El 85% de los confinados en las cárceles

…El 53% de las jóvenes se casan o conviven en su adolescencia

…El 64% de las jóvenes están más propensas a embarazarse sin casarse

…El 92% de las jóvenes se divorcian

Son…

…5 veces más propensos a cometer suicidio

…32 veces más propensos a escapar del hogar

…20 veces más propensos a desórdenes de conducta

…14 veces más propensos a violar

…20 veces más propensos a la depresión

…10 veces más propensos a ser drogadictos

El mismo Congreso de los Estados Unidos ha reconocido públicamente que la ausencia del padre en el hogar es una de las fuerzas más destructoras en los niños. Es un factor detrás de la delincuencia, la sexualidad prematura, las uniones consensuales, los hijos nacidos fuera de matrimonio, el deterioro en el logro académico, la depresión, la propensión de las mujeres a ser abusadas, la pobreza y los conflictos en la definición de roles sexuales. Se cree que provoca un 100% de aumento de la lucha por la identidad sexual y de la incidencia de homosexualidad. La estructura familiar es un factor que predice la delincuencia en nuestra nación.

Si no tuviéramos más factores sociales que éste, la ausencia paterna en el hogar es suficiente para crear todos estos problemas que nos ahogan. Esto es sólo lo que ha llegado a medirse. Pensemos en los casos sin reportar y en la gente que no ha cometido crímenes.

¿Qué pensarías si te dijera que los padres ausentes nos cuestan, colectivamente, cien mil millones de dólares al año? Eso es lo que le cuesta al gobierno compensar a las familias cuyos padres no proveen finanzas ni cuidados. Cuando el padre falta, se afecta negativamente la salud de los niños y sus madres. Cubrir sus necesidades le cuesta al gobierno todo ese dinero, que se paga de nuestras contribuciones. Nos cuesta a todos.

Mientras la nación enfrenta la recesión, la guerra y la reforma de salud, hemos pasado por alto a los niños huérfanos de padre. Nuestra sociedad se corroe por la pérdida de la familia nuclear y una tendencia en franco aumento de los hombres que ven a los niños como "problema de la madre".

Los hijos de estos padres ausentes tienen mayor probabilidad de ser más pobres que sus padres, mayor probabilidad de nacer bajo peso, menor probabilidad de ser amamantados, mayor probabilidad de ser criminales como ya mencionamos, y menor probabilidad de éxito académico.

Cada una de esas estadísticas es como una gota en el mar comparado con el efecto que sufren estos hijos a nivel individual. Estos niños crecen con problemas emocionales incalculables. El efecto sicológico del abandono dura toda la vida. Papá, ni pienses que abandonar a tus hijos es menos que eso, ni lo adornes con negación ni otras palabras; no hay excusa.

Las mujeres que se crían sin su padre se pasan la vida buscando el reemplazo, y los niños que se crían sin su padre tomarán por mentor a la primera figura paterna que aparezca. Tal vez sea un abusador, un pederasta, un traficante de niños o un tirador de drogas. El resentimiento que estos niños sienten es palpable, y surte un efecto desastroso contra su habilidad de formar un hogar sólido y estable para sus propios hijos.

Estos hechos espantarán a muchos, pero la realidad es que hay millones de hombres en nuestra sociedad que se sienten justificados para engendrar hijos, sin la mínima intención de mantenerlos. Sus razones no tan sólo tienen que ver con ellos mismos, sino con quienes los criaron y con las parejas de estos hombres.

Las causas de nuestro dilema actual son complicadas y el remedio no es fácil. Esto requerirá una decisión consciente de parte de cada hombre y su familia para fomentar, motivar, y exigir comportamientos mejores y diferentes. Sin los esfuerzos concertados de todas las partes, el problema sólo empeorará. Yo creo que tenemos que empezar hombre por hombre, familia por familia, no sólo resolviendo su presente, sino previendo hacia el futuro de la familia de sus hijos. Por uno comenzó el problema; uno por uno lo podemos reducir.

La paternidad es un esfuerzo que trae grandes recompensas y fomenta el crecimiento personal. Contribuye, no sólo al bienestar familiar, sino a la autorealización y al sentido de logro y orgullo del hombre mismo. De paso, ayuda al bienestar de la comunidad, de la cultura, y de la sociedad.

Las madres ganan también. Para las madres, tener un padre activo e involucrado en el hogar no tiene precio. A muchas mujeres se les enseñó que no necesitan un padre para criar a sus hijos, y aunque algunas levantan hijos saludables y productivos, no hay sustituto alguno para el equilibrio y fuerza de una pareja que trabaja en armonía. Esto elimina estrés en la madre, alivia una fuerte carga, y le permite explorar opciones de vida y de carrera.

Los hijos son quienes más ganan en hogares donde el padre está involucrado y presente. Estos niños tienen un padre que les hace sentir protegidos y les provee un ejemplo positivo de conducta masculina. Las estadísticas provistas no explican la importancia de que un niño vea a su padre en sus eventos escolares o a su padre expresando amor a su madre. Estos momentos hacen una gran diferencia en la manera en que los niños modelan la conducta, y en sus opiniones respecto a la importancia de la familia.

Hay muchas razones para fomentar una mejor paternidad, pero no se puede lograr mediante represiones o amenazas constantes. A los hombres se les tiene que enseñar que la paternidad es una experiencia positiva y enriquecedora, no importa cuán difícil sea.

Los padres ausentes no nacen solos. Aprenden, por imitación o por crianza, una visión de hombría que muchas veces excluye la paternidad responsable. A veces aprenden que la madre de su hijo puede hacerlo todo, inclusive proveer. Otras veces aprenden que basta que el padre provea financieramente y no tiene que hacer más por los hijos.

Espero que te hayas alarmado lo suficiente.

Papá, decide hoy que tus hijos no van a ser parte de ninguna de las estadísticas, ni van a cargar toda su vida con la sombra de tu ausencia. Deja de percibir la paternidad como un rol de trasfondo, donde la madre está a cargo de los niños. Se necesita a dos para procrear un hijo. También se requiere dos para mantenerlos, y formar su carácter y su futuro.

Capítulo 2

CAUSAS DE LA AUSENCIA

Causa #1: La liberación que se convirtió en esclavitud

¿POR QUÉ SERÁ que nuestra sociedad se empeña en separar a los hombres de su rol de padre? ¿Cómo es posible que se considere aceptable que la mujer críe a sus hijos estando sola y que ella tenga toda la carga? ¿Dónde quedó la responsabilidad masculina y cómo llegamos aquí, en primer lugar? ¿Qué explicación le dan a esto las comunidades latina y cristiana, que tanto alardean de ponderar a la familia?

Nosotras lo hicimos fácil. Ésta es la primera causa: la liberación de la mujer se ha convertido en su propia esclavitud. La tan llamada "liberación" es sólo una ilusión que nos han vendido bien y la hemos creído.

Todo empezó porque los hombres han tenido un historial extenso de marginalización y subyugación de la mujer. Hay antropólogos que alegan que, en un momento de la historia, hubo que crear una sociedad patriarcal para salvaguardar la especie. Por otra parte, Adán y muchos después que él entendieron que "señorear" sobre la mujer era subyugarla, cuando "señorear" significaba proveer y proteger, y a eso fue que Dios se refirió.

Podemos ver los residuos de estos comportamientos en tradiciones tanto sociales como religiosas, particularmente entre grupos extremos que buscan quitarle todo poder a la mujer.

Estas actitudes y prácticas han sido eliminadas de sociedades desarrolladas, pero solamente desde el punto de vista legal.

Los movimientos pro derecho de la mujer han realizado grandes logros en las áreas de paga igual, centros de trabajo libres de acoso, el derecho al voto y leyes antidiscriminatorias. Excepto por el derecho al voto, todo se ve bien bonito en letra, pero en la vida real, es cuesta arriba lograr que esas leyes se cumplan. Dentro de los hogares, tengo mis dudas de que la mujer tenga el lugar que se merece. Mientras luchamos por los derechos femeninos, olvidamos educar al hombre para que también respetara esos derechos.

Al luchar por el trato igual, las mujeres se hicieron sentir como nunca antes. Su actitud fue que podían hacer todo lo que hicieran sus maridos o contrapartes masculinas. Tenían la razón. Esto ha sido comprobado por doctoras, abogadas, científicas, mujeres piloto y astronautas. Pero esta actitud ha tendido una trampa para las mujeres. Una cosa es el trato igual como ser humano, y otra muy distinta es pasar por alto que los hombres y las mujeres somos muy diferentes. Dios no nos hizo complemento por puro chiste.

¿Será posible que se hayan desarrollado actitudes de "nosotras contra ellos" y de "nosotros contra ellas", en medio del fervor por derrocar actitudes machistas? Muchas personas se fueron al extremo de: "¿Quién necesita a los hombres?" Eso ha sido música para los vengativos oídos masculinos, pero ahora las mujeres tenemos las manos llenas.

Entiendo muy bien que a veces no hay más alternativa que asumir esa actitud. Muchas mujeres adoptan esa postura como mecanismo de defensa. Éste es su monólogo interno: "Mi hombre me abandonó y estoy destrozada, pero tengo que sobrevivir y echar a mis hijos hacia adelante. Para dejar de sufrir y proteger mi salud mental, mi mente racionaliza y me hace pensar que puedo vivir sin él. Le digo esto a todos, incluyéndome a mí misma, así que comenzaré a creérmelo". Esa actitud es resultado del dolor y el abandono, pero la misma se ha generalizado. Hay mujeres que adoptan esa postura gratuitamente. Ciertamente, ninguna de ellas morirá por no tener a ese hombre que ayude, pero ¿cuál precio pagarán sus hijos? ¿Cuál precio pagarán ellas a corto o a largo plazo?

En general, mi tesis es que la liberación de la mujer se ha convertido en su peor esclavitud. Para el hombre ha sido muy cómodo, ha tomado ventaja de eso, y le hemos eximido de todas sus responsabilidades divinas y legales. ¡Qué fácil les hemos hecho la vida! ¡Cuánto nos hemos recargado, mientras ellos descansan! En el camino, los enajenamos de la familia, de sus deberes, de sus hijos, y les hicimos sentir que no son importantes ni necesarios. Ellos, por un lado se sienten libres, pero su ego se siente menospreciado, rechazado, y hasta sienten ira. Su reacción es retirarse de los hijos.

Cuando yo me criaba y antes de que naciera, la mujer se casaba y sabía, de seguro, que el hombre iba a ser responsable por ella y su familia. Ella cuidaba los hijos y el hogar (tenía solamente ese trabajo) y él trabajaba fuera. Ella era la esposa, la intocable, y vivía en una plena seguridad de que él jamás la abandonaría. El hombre tenía bien claro, sin duda alguna, que era necesario e importante en el hogar, y que era el proveedor y el responsable de respetar y dar a respetar a su familia.

Si él le era infiel, lo cual lamentablemente estaba casi condonado por la sociedad, ella se enteraba por inteligente, pero no porque él se lo dijera. A la otra mujer ni se le ocurría confrontar a la esposa, ni tenía esperanzas de casarse con el individuo. Estoy decididamente en contra de esta conducta, pero siga mi tesis. Ese hombre estaba decidido a responder por su familia siempre. Sí, claro, había excepciones, como en todo. Yo conocí muy pocas.

Hoy día, la mujer típica trabaja fuera del hogar, y llega al hogar a seguir trabajando. Tras que tiene esa carga, con frecuencia se le añade un esposo que no es la mayor fuente de ingresos en el hogar, ni le interesa serlo. Él no trabaja, no se esconde para serle infiel, la humilla, no le resuelve ni el cambio de una bombilla, se gasta con otra el dinero que le falta a su familia, no está comprometido ni se responsabiliza por lo básico. Ella vive en la ansiedad de poder proveer para sus hijos, resolverles todo y sufrir por las circunstancias que vive. Cuando menos se lo espera, el marido se va de la casa. Este tipo de relación es muy frecuente, en diferentes grados y clases sociales. Esta mujer, en su lucha por la igualdad, se multiplicó el trabajo, no tiene ayuda, y encima recibe las humillaciones. ¿Entiende lo que digo?

La mujer puede no tener un esposo como ése, pero puede caer en la trampa de admirarse a sí misma como "mujer maravilla" y multifacética (*multitasking*). Se ve obligada a trabajar fuera, ocuparse de los hijos desde y después de horas de trabajo, hacer los quehaceres del hogar, complacer al esposo, coordinar, resolver y pensar. A menudo, aunque esté agotada, ella misma piensa que eso debe ser así. Quizás tiene un buen esposo, pero ella se autoimpone la presión de ser perfecta para su esposo porque "la competencia (de mujeres) está fuerte".

Seguro que has escuchado a algún hombre decir: "¿Quieren liberación? Pues tengan liberación". Ése es el grito masculino que nos dice cuán conveniente ha sido para ellos la liberación femenina. Les quitamos la responsabilidad, pero los dejamos dominar en todo lo demás. Los que dicen ser cristianos recuerdan la porción de la Biblia que dice que la mujer debe sujetarse al marido, pero arrancaron dos páginas de la Biblia: la que dice que el marido debe tratar a su mujer como vaso frágil y la que dice que el marido debe amar a su mujer como Cristo amó a su Iglesia. Si el hombre amara a su mujer como Cristo ama a su Iglesia, yo no estaría escribiendo este libro.

Miles de mujeres han tenido que asumir esa actitud de excesiva independencia para sobrevivir, gracias a parejas o ex parejas masculinas irresponsables, cínicas y hasta intimidantes. El peligro está en la generalización de la actitud fuera de estas situaciones específicas. Sin darnos cuenta, hemos hecho a los padres sentirse innecesarios en el hogar, los hemos separado de su rol paternal, y lo estamos pagando muy caro.

Mucha gente, en su mala interpretación del concepto sicológico, llaman "codependencia" a la necesidad que tiene la mujer, de su pareja. Otros van al extremo de identificar este sentimiento como "baja autoestima". Otros le dicen a las mujeres que "de verdad no lo necesitas, tan sólo lo quieres". La codependencia en su verdadera definición presume una relación disfuncional y destructiva.

Las parejas deben casarse porque se aman y se convienen, no porque se necesitan. No obstante, hay un nivel saludable de interdependencia y necesidad emocional que no tiene que ver con la codependencia disfuncional. La realidad es que las familias sí necesitan a los hombres, asumiendo que ellos hacen lo que les corresponde. Los niños necesitan a su papá, y a las mujeres les conviene tener en su equipo al padre de sus hijos. Las mujeres son muy competentes, pero eso no significa que sea buena idea para su salud, su mente, su espíritu y su energía, hacerlo todo por cuenta propia y sin ayuda.

Yo reto a cualquier mujer que haya tenido que trabajar fuera, trabajar en el hogar, llenar todas las necesidades de sus hijos y criarlos sin un esposo o con un esposo ausente en su casa, a que me diga si no estaría menos agotada si hubiera tenido a su lado a un hombre que la ayudara en la fuerte faena de levantar una familia. Si me contesta que no le hizo o no le hace falta, supongo que lo dice porque no tiene más remedio. Por supuesto, el que no ayuda no hace falta, pero el que está dispuesto a compartir todo ese trabajo, claro que se necesita.

Yo, como cristiana y ministro, lo llevo a algo más sencillo que suena chocante a mucha gente, no cristiana y cristiana. Dios es perfecto; no tiene mudanza ni sombra de variación. Sus intenciones y su Palabra están escritas; son las mismas hoy y siempre. Si Dios hubiera querido que la mujer lo hiciera todo sola, no hubiera creado a Adán. Si hubiera pensado que el hombre estaba bien solo, no hubiera formado a la mujer. Dios creó un equipo de trabajo para procrear a la familia. A través de toda la Palabra, había esclavos y sirvientes. La esposa era esposa, pero aparte de las normas culturales y las costumbres, tenía su rol. No era ni sirvienta ni esclava.

Mamá, ¿cómo evitas caer en la trampa voluntaria de la autosuficiencia y privar de responsabilidad al padre de tus hijos?

1. Bajo ningunas circunstancias, accedas a hacerlo todo en tu hogar. Propón un trabajo de equipo razonable y con intereses en común. No improvises. Planifica con tu pareja.

2. Dentro del plan de trabajo, comparte con el papá las tareas relacionadas con tus hijos, como la transportación, la asistencia de tareas, alimentar a los pequeños y otras.

3. Niégate a recargarte de tareas. Recuerda que tienes un gran poder negociador.

4. Busca el balance. La idea no es recargarlo a él tampoco.

5. Recuerda que nadie es mejor ni peor, pero somos bien diferentes. Dios no iba a perder su tiempo creando dos componentes iguales, sino complementarios. El hombre necesita comunicación directa y específica; no está hecho para descifrar acertijos. Ésa es su configuración cerebral. Ni te frustres ni pierdas el tiempo. Busca y acepta su ayuda, hazle una lista de lo que necesitas y enséñale cómo quieres que lo haga. De paso, recuerda que todos no nacimos plomeros, electricistas ni pintores... tú tampoco. Un principio básico de economía dicta que es más productivo trabajar en lo que uno conoce y pagarle su trabajo al que sabe hacer lo suyo, que pretender uno hacerlo todo y gastar a la larga mucho más.

Un recordatorio de la Palabra: Dios creó al hombre para producir y proteger. Creó a la mujer como ayuda idónea, no para que lo hiciera todo (Lee el libro de Génesis, por favor). No violentes ese principio porque te vas a sobrecargar de trabajo. Mamá, si tu esposo te echa la culpa porque le quedó mal lo que le pediste que hiciera, recuerda que eso es consecuencia del pecado de Adán. Lleva a tu esposo ante el Señor, para que se redima de la maldición de la ley (en serio).

Causa #2 El estilo incorrecto de selección de pareja

Evitar un problema de paternidad ausente empieza en la selección correcta de la pareja. Escoger el esposo incorrecto es causa de una futura familia sin padre, y consecuencia de haber vivido ese patrón. De primera intención te voy a ilustrar, con un ejemplo, la consecuencia de una incorrecta selección de esposo.

Una de las frecuentes "mujer maravilla" que viven en nuestro mundo es una joven profesional inteligente, en sus veinte y tantos años. Se enamoró de este hombre alto y guapo que la deslumbró. Era romántico, bueno, atento, considerado, ¡era perfecto! (primer error) Seguro, el perfecto lobo vestido de oveja. Se casaron al mes de conocerse (segundo error), y parecían estar felices durante ese primer año. Durante el segundo año quedó embarazada. Su marido, furioso, la amenazó con abandonarla si no abortaba. Al cabo de tres meses de sufrimiento y culpabilidad causados por sus profundas convicciones religiosas, accedió al aborto (tercer error). Pensó que no tenía otra alternativa (cuarto error). Fue criada por un padre abusador y una madre sometida, y tenía miedo de perder el hombre que ella creía que la amaba. Tuvo que pasarlo todo sola.

Ya ella sabía que él no era de confiar, que era irresponsable, no estaba comprometido a una relación de pareja, era emocionalmente manipulador y abusivo. Como no le pegaba, ella permanecía en la relación porque la criaron con la mentalidad de que el matrimonio era eterno sin importar lo que pasara (quinto error). También le habían enseñado que todos los hombres eran infieles y eso era parte del matrimonio (sexto error). Era cuestión de "mirar para el otro lado", porque "eres la esposa". Para colmo, ella tenía este único complejo de rescatista y estaba segura de que iba a lograr cambiar al marido (séptimo error).

En una de las reconciliaciones, él le dijo que estaba listo para ser padre. Ella quedó embarazada. Mientras tanto, nada había cambiado, sino que ahora él era más discreto con sus infidelidades. Digo que nada cambió porque desde que se casaron, ella era "mujer maravilla". Trabajaba en un empleo a tiempo completo que requería horas extra, preparaba la cena cinco noches en semana, cocinaba tres comidas calientes al día durante fines de semana, lavaba ropa, limpiaba la casa, hacía las diligencias del hogar, compraba la comida, y hacía muchas otras tareas misceláneas. Hasta le sacaba a su marido la ropa para el próximo día y le brillaba los zapatos.

Con tanto qué hacer, "mujer maravilla" dio a luz a una niña. Papá jugaba con la niña cuando se le antojaba, pero ella estaba completamente a cargo de su hija, más el quehacer del hogar, más su empleo profesional. Su esposo le volvió a ser infiel, con humillaciones y malos tratos, y ésa fue la gota que colmó la copa. Contra los deseos de su marido, le pidió el divorcio. Bajo amenazas de golpizas, tan sólo recibió dinero para comprarse una casa y mudarse. Y ahí la vemos… la misma "mujer maravilla", repitiendo su historia de abuso paterno y del padre ausente, ahora físicamente sola.

El tribunal asignó una cantidad mísera de pensión alimenticia, y ella tenía casi toda la carga sin ayuda alguna. "Mujer maravilla" tuvo que conseguir un trabajo a tiempo parcial, desde el hogar, para cumplir con sus compromisos financieros. Entonces decidió fundar un negocio propio, para asegurarse de tener más tiempo con su hija, y proveerle mejor.

No olvides añadir cada detalle que conlleva la crianza de un hijo: la carga financiera, visitas al pediatra, emergencias, reuniones escolares, participación en los eventos de la escuela, visitas de otros niños, cumpleaños, responder a todas las preguntas que hacen los niños, tener energía suficiente para hacer al niño sentir que su madre está ahí con él o ella, asegurarse de crear una relación de apoyo, etc. "Mujer maravilla" también tenía madre y padre, y necesitaban de su tiempo y ayuda para resolver sus cosas (Eso es lo que llaman el "efecto sándwich" u oprimida entre dos generaciones). Podemos seguir infinitamente, añadiendo tareas y responsabilidades... para una sola persona.

¿Logró sobreponerse? Sí. Alcanzó sus metas de crianza con mucho éxito. ¿Le pudo evitar consecuencias a sus hijos por la falta de padre en la niñez? No totalmente.

Aprende, mujer

1. El esposo no se escoge ni por impulso ni por flechazo, ni por bello, ni por encantador. El perfil del hombre abusador nos dice que tiene prisa en casarse, pero eso no quiere decir que te adora y no puede vivir sin ti. A la pareja se le escoge con el cerebro, no con el corazón. El corazón es para conocer a Dios. Si todavía no te has casado, usa discernimiento y sensatez para escoger la pareja correcta. Escoge primero y enamórate después. Escógelo a conciencia. Después de que lo escojas, enamórate de él. No funciona al revés, aunque todos lo hagan así y los medios de comunicación se encarguen de hacértelo creer. No te enamores primero. El enamoramiento produce ceguera, distorsiona el proceso de pensamiento y entorpece el discernimiento. Recuerda que la mejor manera de evitar un padre ausente para tus hijos

y un divorcio es escogiendo la pareja correcta.
Date tiempo para conocer y preguntar. Recuerda
que estás escogiendo un padre para tus hijos y
no te quieres equivocar. Más adelante, discutiré
este tema en mayor detalle.

2. Si ya estás en una situación como la descrita,
   ora y busca ayuda en Dios y en un buen profesional de la conducta. Si hiciste esa selección de
   pareja, te van a manipular lo suficiente para que
   sigas pensando que escogiste lo correcto y sigas
   aceptando las conductas incorrectas. Tienes que
   entender lo que te haces a ti misma y le haces a
   tus hijos.

3. Si después de hacer lo anterior, tu esposo está
   dispuesto a comprometerse a modificar su conducta y a ser adiestrado, y no es un abusador, ni
   un sicótico, ni un drogadicto, ni alcohólico, considera darle una oportunidad. Si hay un rompi-
   miento o persiste la conducta, ayuda a tu hijo a
   evitar el ciclo de repetir el patrón.

4. Si te sientes sin ayuda, estás en negación o
   piensas que no tienes un ambiente saludable para
   tu hijo y para ti, busca ayuda profesional. No te
   apresures a tomar decisiones que afecten a tus
   hijos, a menos que esté amenazada tu seguridad
   y la de ellos.

5. Lo más importante y la base de todo lo anterior
   es lo siguiente. Seas cristiana o no, la Biblia es
   bien clara en establecer cómo debe ser la selección de pareja, el orden de la relación entre

hombre y mujer, y la relación conyugal. Si la
lees con revelación y entiendes que Dios ideó
una relación de balance perfecto, te guiará a
escoger lo correcto en cualquier circunstancia. La
Palabra de Dios no oprime; libera.

6. Para cualquier cambio en esta etapa de tu vida,
busca al Señor, pero asegúrate de que es Dios
quien te habla y no los cientos de interesados que
están a tu alrededor. Muchos, cuando aconsejan,
velan por sus propios intereses, no por los tuyos.

Causa #3: La crianza del hombre

Hay otra "mujer maravilla" con un ingrediente distinto. La
diferencia es que tiene un buen esposo que la trata bien, es
fiel, y la ama tanto a ella como a sus hijos...pero no ayuda
en nada. Lo criaron perezoso e ignorante respecto al trabajo
casero, y le dijeron en su casa que su único deber era proveer,
pero la casa era sólo responsabilidad de la mujer. Para colmo,
si su papá estaba en el hogar, eso mismo fue lo que él vio.
Está empeñado en llegar a la casa, bañarse, y agarrar su control remoto (en generaciones previas era el periódico) para ver
televisión, aunque los muchachos estén peleando para comer o
quieran ir a bañarse. La casa se puede estar cayendo y él no se
va a mover.

Él ni cocina, ni lava ropa, ni ayuda en la limpieza de la casa.
Juega con los niños hasta que se ensucian, se dan un golpe,
chillan o quieren algo, pero no ayuda con ellos ("ése es trabajo
de mami"). Es noble, pero no tiene interés alguno en ayudar
en la casa porque está seguro de que ése no es su trabajo. No
lo conocen en la escuela de sus hijos porque nunca lleva a sus

hijos al plantel. Además, no disfruta los eventos escolares, así que la mayor parte de las veces, no asiste.

"Mujer maravilla" hace todo para todos. En ocasiones piensa que es injusto, y otras acepta que eso es lo correcto. A veces se siente como una heroína y cae en la trampa de decirse a sí misma: "¡Oh, soy tan capaz!" En la noche, cuando su esposo le pide energía y atención, no le queda ninguna para darle, y él no sabe por qué. Si ella se queja, él le contesta: "Yo no te pedí que hicieras todo eso". Bien. ¿Y quién lo iba a hacer?

Para mamá:

1. Vamos a causas y prevención. Si quieres evitar a tiempo un ciclo de paternidad ausente, cría a tu hijo varón diferente a lo acostumbrado. Yo, después de 22 años en esa faena, he descubierto que hay rasgos masculinos que parecen estar en los genes porque como que no son muy fáciles de moldear. Pero eso no hace al varón ni inferior ni misión imposible. Mamá, ¡fe y paciencia heredarán las promesas (y perseverancia)! No críes a tu hijo varón para ti. Críalo para beneficio de él mismo y su futura familia. Es claro que si tu esposo es como el que describimos, ése es el modelo que tu hijo copiará. Habla con tu esposo y explícale las conveniencias de criar diferente a tu hijo varón. Estoy segura de que le hubieras agradecido a tu suegra otra crianza. Yo tengo un lema: "No quiero que mi nuera me odie".

   A las madres nos encanta mimar a los hijos, pero con frecuencia eso nos lleva a criar a

los varones para que se casen por las razones
erróneas: para que les cocinen, les planchen y
les laven la ropa, les sirvan de secretaria y de
enfermera, y hagan por ellos todo lo que ellos
no saben o no quieren hacer en el hogar. Ésa
no es la razón correcta para casarse. Eso es
casarse por necesidad de dependencia: mal cri-
terio, mal futuro. Es importante que le demos al
hijo varón una crianza práctica donde aprenda
a organizarse, ordenar una casa, cocinarse, lavar
su ropa, plancharse, comprar su ropa, escoger
qué ponerse, hacerse cargo de todos sus asuntos
personales incluyendo organizar sabiamente sus
finanzas, y no necesitar depender de alguien.
De esa manera lo equipamos para que escoja
esposa y compañera a su tiempo por las razones
correctas, y no para tener sirvienta ni secretaria.
Claro que ellos se tienen que encargar de que
no los escojan a ellos para sirvientes, pero ahí
termina tu "llamado". Además, con este tipo de
crianza estarán también aptos para ser mejores
padres.

2. ¿Qué puedes hacer con tu esposo, a quien le
   enseñaron que no es de hombres ayudar? Si ya
   partimos de la premisa que es un hombre bueno,
   responsable y te ama, entonces es terreno fértil.
   Hazle ver que es muy necesario para ti que te
   ayude. Háblale claro, directo y hasta con día y
   hora. Cada vez que te ayude en algo, reconócelo y prémialo. En el camino, deja el hábito de

hacerlo todo en la casa. Una acción habla más
que mil palabras.

Causa #4: Compulsión y competencia

Hay dos "mujeres maravillas" que corren los mismos riesgos
que las anteriores. Una está ciega por una combinación de ego y
comportamiento controlador. Nadie lo hace como ella. Su lema
es: "Si quiero que las cosas se hagan bien, las tengo que hacer
yo misma". Exige excelencia y hace todo tan perfectamente,
que ni siquiera permite al marido intentar nada. Él la puede
ver luchando con tareas, agotando su tiempo y su energía, que-
jándose, y quisiera ayudarla. Él cocina, es diestro para algunas
cosas en la casa, está muy involucrado con sus hijos. Sabe cambiar pañales, darles comida y no le molesta llevar a sus hijos a
donde tengan que ir, pero su esposa no le pide ni le permite
que coopere.

Cuando ella le permite compartir responsabilidades, él
enfrenta críticas severas porque "no sabe" o "lo hizo mal". No
hay una palabra de gratitud o motivación positiva. Me atrevo
a decir que ella estuvo en un hogar sin padre, o con un padre
tan ocupado que ella tenía que ser perfecta para hacerse notar.
Todo el tiempo expresa que no necesita a nadie, ni siquiera al
padre de sus hijos.

Hay otro tipo de "mujer maravilla"; la que se le hace difícil
pedir ayuda. Tampoco acepta ni recibe ayuda voluntaria.
Puede llegar del supermercado cargando pesadas fundas llenas
de productos. Si el esposo intenta ir al carro a ayudarla a sacar
la compra, ella le dice que no es necesario. Puede estar empu-
jando un mueble, el esposo se acerca y dice que él lo hace, y
ella dice que no.

Aparte de la "mujer maravilla" que no tuvo otra alternativa para resolver su problema de abandono, ¿podría alguna de estas "mujeres maravillas" tener alguna idea de cómo modificar su vida? ¿Cuál de ellas tiene una mejor oportunidad de vivir una vida menos estresada? ¿Cuál de ellas escoge repetir el patrón de la "huérfana" de padre, inconscientemente? Todas.

Los hombres se alejaron demasiado de la responsabilidad y la autoridad, y de cierta manera se sienten indefensos y a la defensiva. Las mujeres tienen que entregar a sus hombres las responsabilidades paternas. Aunque el hombre provea financieramente, tiene que participar en la crianza de su hijo y ser un ejemplo. En nuestros tiempos la mujer también trabaja y provee, y también responde por sus hijos. Es hora de hacer sentir a papá, de que esté consciente del significado de su paternidad y de que entienda que su familia lo necesita.

En algún momento de la historia, las mujeres sintieron que los hombres les enseñaron a prescindir de ellos porque ellos actuaron de una manera irresponsable. El sentir se generalizó. Todos los días hay una mujer que convierte ese mito en una profecía auto realizable. ¡Es hora de detener esto!

Capítulo 3

¿QUÉ ES UN PADRE AUSENTE?

*"No puedo pensar en una necesidad tan fuerte
en la niñez de una persona, como la necesidad
de sentirse protegido por un padre".*

SIGMUND FREUD

AL HABLAR DE padres ausentes, es común enfocar la discusión en los padres que están físicamente ausentes del hogar. Según ya aclaré, este libro no cometerá ese error. De hecho, hay diferentes estilos de abandono.

Hay padres ausentes que viven en el hogar con sus hijos; aún aquellos que proveen casas grandes y tutores. Los hijos de estos padres sufren muchas de las mismas consecuencias sociales y psicológicas que los hijos de padres que abandonan el hogar. El tener un padre indiferente, o peor aún, abusador, es lo mismo que tener un padre ausente. Existe la misma carencia de la influencia positiva que provee un buen padre.

En todo el país, niños y niñas se crían sin padres. Ellos buscan sustitutos en relaciones abusivas o bajo la tutela de mentores mal intencionados. Un estudio basado en entrevistas reveló que un porcentaje mayoritario de ambos, padre y madre, piensan que el padre puede ser remplazado por la madre sola o por un padrastro. Las investigaciones de hechos contradicen esto, presentando que el padre es irremplazable en la vida de un hijo, aunque reciba las mejores influencias de una madre y de un padrastro.

También se ha probado falsa la tan conocida frase: "Mi madre fue madre y padre para mí". Aunque entendamos lo que esto implica, realmente la madre sola no tiene más opción que cubrir las funciones que faltan de un padre, pero eso no equivale a haber sido un padre. El vacío quedó ahí.

¿Qué es una familia huérfana de padre? Hay toda una gama de padres ausentes que examinaremos a continuación.

El padre que abandona desde el principio

Uno de los padres ausentes más frecuentes es el que se va desde antes que nazca su hijo, o cuando ve llegar la responsabilidad. En su gran mayoría, no ha contraído matrimonio.

La causa obvia es una relación íntima irresponsable a destiempo, sin compromiso emocional ni legal. Yo no creo en los "accidentes". El que no quiere accidentes de este tipo, tiene que abstenerse. El que no se abstiene sabe lo que puede pasar. Yo creo que los alegados "accidentes" ocurren porque a nivel inconsciente (por dar el beneficio de la duda; tal vez es consciente) la mujer quiere quedar embarazada, o se cree que es la protagonista de un romance de novela. El hombre, por su parte, ni piensa en un posible embarazo porque cuando va a conseguir lo que quiere, sólo piensa en su disfrute.

Es cierto que hay hombres engañadores y manipuladores. También hay jóvenes y mujeres adultas con necesidades emocionales insatisfechas, que las hacen vulnerables. Pero hay jovencitas y mujeres adultas que profesan abiertamente la libertad sexual y les ocurre el embarazo. Otras buscan, con intención, tener a alguien para ellas (un hijo) porque alegan sentirse solas. Otras se han dejado convencer de que ahora las cosas son de otra manera, y decidieron unirse al orden invertido. Hasta las cristianas adultas y educadas se han creído el cuento, y se buscan problemas.

El orden bíblico, legal, moral y conveniente es: noviazgo (sin privilegios maritales), matrimonio, hijos. Algunos han decidido que ya eso no sirve, y andan en su propia interpretación de "marinoviazgo, hijos, matrimonio", si es que el matrimonio llega algún día. Si en el camino el hombre desaparece, empieza el drama de la pobre madre soltera abandonada que los medios de comunicación se han encargado de aplaudir, y el mundo de justificar y compadecer.

No me entienda mal, Jesucristo no vino a condenar y yo tampoco. Yo siento compasión y admiración por cualquier mujer que se vea sola criando un hijo, pero entiendo que cada cual tiene que asumir responsabilidad por su propia conducta, y que eso se pudo haber evitado.

Lo único que ha causado el exceso de libertad sexual son mujeres de todas las edades, criando solas; y hombres irresponsables de todas las edades. Peor aún: se está levantando una generación de hijos sin presencia paterna que sufren rechazo a nivel neurológico y espiritual desde el vientre de la madre hasta después que nacen, y toda la vida. Por si no lo sabes, hace mucho que los científicos probaron y admitieron (gloria a Dios) que, desde que el feto se forma, se afecta con todo lo que pasa en y fuera del cuerpo de su madre. ¿Puedes tener una mínima idea de la responsabilidad divina y legal de traer un hijo al mundo? ¿Tienes al menos una idea de la carga múltiple que tiene una mujer cuando se le ocurre tener un hijo sin saber o sabiendo que lo va a criar sola?

¿Tendrá el hombre idea de que si abandona su responsabilidad de padre, le va a perseguir un sentido de culpa y soledad que quizás no va a entender, pero que no le va a dejar ser feliz? ¿Tendrá el hombre idea, si lo localizan, de la hipoteca de pensión alimentaria y hostilidad que lo va a perseguir toda su vida? ¿Tiene el hombre idea del daño que va a hacer abandonando a un hijo?

El hombre que abandona no tiene sentido de compromiso ni responsabilidad. Es de adultos maduros responsabilizarse por sus actos. Lo más probable es que no tuvo una figura paterna que le sirviera de ejemplo de responsabilidad ni de sentido del honor, pero no es excusa. Tampoco conoce a Dios, por más cristiano que sea. El hombre que conoce a Dios sigue el ejemplo del Padre que nunca abandona. El hombre que conoce a Dios sabe que, si como humano comete un error, puede arrepentirse y hacer lo que tiene que hacer para subsanar las consecuencias de ese error, restaurar la situación y responsabilizarse.

El cuadro es muy complicado. Hay adolescentes que se embarazan por moda, por soledad, por ser "parte del grupo", por "amor", porque según ellas eso es parte del noviazgo, o por otras razones absurdas. Se les nota la ignorancia y la falta de consciencia cuando hablan. No te creas que eso solamente ocurre entre familias de escasos recursos. Yo responsabilizo a los padres por esa conducta. Detrás de esas situaciones hay padres ausentes, y madres despreocupadas. También puede haber padres ausentes dentro de la casa que quieren estar más de moda que la misma hija. Ellos piensan que no es asunto de ellos lo que ellas hagan, y ven ese embarazo y esa conducta como "ahora eso es así". Mientras tanto, ese niño nace en medio de la incertidumbre.

Una vez un hermano de la iglesia me dijo: "Hermana, hay un momento en la vida cuando uno ya no se puede meter en las vidas de los hijos". Yo le contesté: "Sí, cuando son mayores de edad y se mantienen por ellos mismos". Mi carnalidad hubiera querido decirle otra cosa. Él tenía una hija menor de edad, madre soltera de dos hijos de padres diferentes. Dicho sea de paso, era un hombre culto y educado, o sea, esto no era un problema sociocultural.

Yo defiendo que el rol de los padres y las madres es apoyar a los hijos bajo cualquier circunstancia. Ése es el ejemplo de nuestro Padre. Pero también estamos obligados a decirles lo que les conviene y lo que no les conviene. Se supone que nos esforcemos en criarlos de forma tal que ellos eviten los problemas, para nosotros vivir en paz. La Palabra ordena que instruya al niño en su camino, para que cuando sea adulto no se aparte de él.

Para ti, mujer; para ti, varón

1. La prevención es, a menudo, la mejor solución. Aunque a la mujer le moleste que le adjudiquen responsabilidad, no le conviene tener relaciones íntimas fuera del vínculo matrimonial. Lee bien. Si no quieres entender que no es de Dios esa conducta irresponsable para con un hijo, grábate esto: No te conviene a ti.

2. Si tienes hijas jóvenes, háblales claramente para que no pretendan tener hijos fuera del matrimonio. Explícales cómo funciona el mundo, cómo funciona el hombre. Vigila sus pasos. En algunas familias cristianas y no cristianas no quieren hablarse temas de sexualidad. Una cosa es hablar el tema viciosamente y otra muy distinta es orientar a esa hija para que no provoque

una situación que va a tener consecuencias
contra ella misma y contra un ser inocente.

3. Si tienes hijos varones, revisa la crianza que le
puedes estar dando. Durante siglos, la cultura
latina ha criado a los varones como que "son
de la calle" y pueden tener todas las relaciones
que quieran con las mujeres que se les antoje. Si
eres un padre cristiano o una madre cristiana,
se supone que hayas cambiado el sistema de
crianza aunque seas latino (a). Enseña a tus hijos
varones a desarrollar discernimiento y dominio
propio. En un mundo lleno de enfermedades y
promiscuidad donde no se sabe quién es quién,
el hombre también debe respetar su cuerpo. A
tu hijo le conviene entender que tiene que velar
por su salud, y que tiene que evitar provocar un
embarazo a destiempo que lo comprometa toda
su vida. Enséñale que es más hombre aquel que
piensa antes de hacer lo que no le conviene.

4. Mamá, si ya tienes un hijo o vas a tener un hijo
y el progenitor te abandonó, aférrate a tu Padre
celestial. Dedícate a minimizar, mientras tu hijo
crece, todos los efectos que pueda haber en él
por crecer sin su padre. No corras a sustituirle el
padre. Deja a Dios obrar. Una mala selección no
se cubre con otra que puede ser peor.

5. Varón, no hagas el daño de convertirte en un
padre ausente. Evita hipotecar tu vida por un
placer momentáneo. Piensa que un impulso
puede marcarte a ti y a otros dos para toda

la vida. Si ya estás en el problema, acepta tu
paternidad con la valentía de un hombre.

Los cristianos quieren la Biblia y la religión para los
domingos. No entienden que todo pensamiento, toda conducta y toda consecuencia que avisa la Palabra, tiene su equi-
valente en los valores morales que se enseñan en las familias
seculares decentes, aunque no sean cristianas. La Biblia es el
origen de todo lo que sabemos que está bien o mal, que conviene o no conviene. ¿Por qué? Porque a Dios no se le va una.
Él va a buscar que todo el mundo entienda lo que le conviene.
Lo entiendes leyendo la Biblia, o lo entiendes traducido a tu
conveniencia bajo "valores morales". ¿Prefieres entenderlo dán-
dote contra la pared cuando tu conducta tenga consecuencias?
No quieras terminar como los hijos que no oyen advertencias
de sus padres: "Ay, papi, ay, mami" o "Ay, Dios mío, ¿por qué?"

Los padres que se divorcian de los hijos

El primer efecto negativo que los niños asocian con el
divorcio es que van a dejar de ver a "papi". Esto se basa en
que algunos hombres tienden a ver el divorcio como un rompi-
miento total. Pierden toda responsabilidad emocional y financiera por sus hijos, y se consideran con derecho a crear una vida
nueva de la que excluyen a sus hijos. Hasta llegan a olvidar que
sus hijos comen todos los días y tienen las mismas necesidades
financieras que tenían cuando ellos estaban casados. Común-
mente usan de excusa a la madre de sus hijos: a no querer verla,
a que ella es difícil y a que ella se interpone. Aprovechan para
ponerla en contra de sus hijos y culparla tanto, que desproveen
a los hijos del único apoyo que pueden tener en su momento.
Todo eso puede ser cierto, pero conozco muchos padres que

se esfuerzan y logran ser padres después del divorcio. Si unos pueden, otros pueden.

Los niños se sienten heridos y hasta se culpan a sí mismos aún cuando no tienen culpa del divorcio. Se confunden con sus sentimientos de culpa, coraje y vergüenza. No entienden por qué papá decidió romper todos sus lazos con ellos, y los padres no están accesibles para explicar su conducta. Los niños echan de menos, no sólo el tiempo con su padre, sino la oportunidad de interactuar para desarrollar confianza.

Para empeorar el cuadro, cuando ocurre un divorcio, se afectan tres familias: la que se destruye, y las dos familias extendidas de cada cónyuge. Los niños confrontan la separación de los seres más significativos, sumando la posible interrupción de sus relaciones con sus abuelos, tíos y primos.

Estos niños crecen en conflicto. Cuando llegan a la adultez, tanto el varón como la mujer buscan pareja, pero creen que el matrimonio está condenado a fracasar. Se mantienen encerrados en ellos mismos para protegerse contra el dolor de una relación fracasada. Esto es muy peligroso porque se arriesgan a hacer realidad la profecía. Cuando se casan, ocurre una de dos cosas: terminan en divorcio o sobre compensan demasiado sus defectos y las situaciones, para que la relación permanezca, aunque sea disfuncional.

Algunas mujeres que crecieron en este tipo de hogar escogen como esposo a un hombre de mayor edad, buscando la guía, protección, seguridad, amor y sabiduría que no recibieron de su padre. Prefieren hombres que lo hagan todo por ellas, negando sus propios sentimientos, pensamientos y opiniones. Otras con estas mismas selecciones, se refugian en la experiencia y el cansancio de hombres mayores que desean estabilidad y no contemplarían un divorcio. No buscan una relación basada en la igualdad de responsabilidades; sino en tranquilidad y seguridad.

Otras mujeres se involucran en relaciones "imposibles" con hombres casados, u hombres que nunca se casarían con ellas aunque fueran solteros. Éstas demuestran miedo a involucrarse en una relación que pueda culminar en matrimonio porque significaría que podrían llegar al divorcio y vivir otra vez el drama del abandono del padre. De hecho, sabotean, sin saberlo, cualquier relación normal que las pueda llevar a casarse. Si se casan, también sabotean el matrimonio, y pueden llegar a la profecía autorealizable del divorcio.

No hay tribunal ni recurso legal que pueda obligar a un padre a ver a un hijo. Lo único que puede proteger a estos hijos de peores consecuencias porque papá se divorció de ellos, es una madre equilibrada y dirigida hacia los mejores intereses de sus hijos. Necesitan una madre que trabaje sus corajes con el ex cónyuge como asunto de ella; y que separe a sus hijos y su relación con ellos de la relación que tiene o tuvo con el padre de esos hijos.

Para ti, papá divorciado:

No quiero saber por qué te divorciaste de tu esposa, pero no tienes excusa para divorciarte de tus hijos. Te digo lo mismo que te dirían en un tribunal. Aquí lo que importa son los mejores intereses de los menores (tus hijos). Asegúrales provisión porque ellos tienen necesidades aunque tú no estés. Búscalos, dales cariño, atención y protección; que siempre sepan dónde encontrarte. Si tu relación conyugal terminó, tu relación paternal es para toda la vida. Habrás revocado el juramento que hiciste en el altar, pero el nacimiento de tus hijos no lo puedes revocar.

Para ti, mamá:

Por favor, si tu ex esposo se divorció de sus hijos, no se lo recuerdes a ellos porque ya lo saben. No les hables mal, no les hables bien. Sólo préstales tu hombro, y dales tu apoyo, tu esperanza, tu alegría, el ejemplo y la estabilidad. Hazles claro que son merecedores de amor, no importa cómo vean que su papá se comporta. Ayúdalos a no cargar culpas ni las cargues tú. Y entrega tus hijos al Padre que no se divorcia nunca.

El padre abusador

Puede ser un abusador físico, emocional, psicológico, las tres o dos, pero todos les causan un funesto final a sus hijos. Algunos niños crecen pensando que es normal tener un padre como el suyo porque no conocen más. Lamentablemente, ésa es la conducta que aprenden e internalizan. Cuando entran en relaciones adultas, unos entran en relaciones abusivas, volviendo a lo que conocen, aunque sepan que algo no está bien. La buena noticia es que otros responden a su ambiente diciendo: "Eso no me va a pasar a mí", y no repiten la conducta. He visto a mujeres que no se casan hasta pasadas de los treinta porque son muy cautelosas, con temor de que cualquier hombre con el que se casen termine siendo como su padre abusador. No tienen confianza en nadie. Si tu único padre violó tu amor y tu confianza, ¿puedes creerle a un perfecto extraño?

Uno de los casos más graves está en el padre que abusa de sus hijos sexualmente. La paternidad es la base de todas las relaciones masculinas en la vida de un individuo. Ésta conlleva amor, confianza mutua, respeto y buenos ejemplos. Cuando hay abuso sexual, todo se destruye irreparablemente. No hay forma alguna en que una hija abusada sexualmente pueda elegir al mejor cónyuge ni tener una buena relación de pareja cuando la primera figura masculina significativa en su vida traicionó su confianza de la manera más atroz. El daño es permanente y devastador. Ese tipo de abuso trasciende a ser un problema de confianza. Una vez se destruye, es extremadamente difícil de restituir. Se requiere años de ayuda profesional para que un sobreviviente se recupere y desarrolle relaciones saludables.

Hay madres que yo considero enfermas porque justifican la presencia del padre abusador en el hogar, o se niegan a ellas mismas el problema. No cumplen su rol adulto de protección. El padre abusador es un padre ausente porque está muy ocupado lidiando con su propia sicosis. Es incapaz de manejar su hogar, mucho menos el rol que le corresponde, destruye la autoestima, el presente y el futuro de todos los miembros de la familia, y los pone en peligro de muerte y de seguridad física y mental. Los efectos del abuso son de por vida y determinan todas las relaciones futuras de los hijos de una manera muy negativa.

Éste es uno de los pocos casos en que, dentro de nuestro tema del padre ausente, la solución es la ausencia física del padre. Un ejemplo tan negativo en una familia viviendo en el miedo y la amenaza no es de Dios. Es imperante salvar a los hijos físicamente, ayudarlos a restaurarse y utilizar recursos profesionales de consejería. En el proceso, estos hijos necesitan apoyo para rehacer sus vidas y desarrollarse como buenos padres en el futuro.

En un sinnúmero de casos, el abusador rechaza toda ayuda y ése es el libre albedrío que Dios le dio, y su decisión.

El proveedor financiero...solamente

Hay un padre, a veces rico, a veces modesto, que ve el dinero como el único medio para mostrar afecto. Yo confieso sentir compasión y comprensión por este tipo de padre porque he encontrado que muchas veces sufrió tanta escasez cuando niño, que se cree, auténticamente, que la máxima expresión de amor es brindar seguridad económica. De hecho, ésa es una expresión de amor, pero no la única. También, cuando veo a tantos hombres irresponsables gastando en ellos mismos, inconscientes de su rol o dependiendo de las esposas en vez de proveer a sus hijos, comprendo a este padre que no es ideal, pero es buen proveedor.

No obstante, sigue siendo un padre ausente. Éste es el padre que nunca está en casa porque se la pasa trabajando. No va a las actividades atléticas o escolares de sus hijos porque mamá está a cargo de todo. Mamá no tiene un marido y los hijos no tienen un padre. Típicamente, hay dos reacciones a este tipo de crianza. La primera reacción es una de ataque. Tanto hijos como hijas aprovechan el dinero porque esa es la única ventaja que pueden sacarle. Los padres nunca los retan o les dicen que no. Estos niños se pueden tornar hacia el abuso de sustancias porque no tienen límites fijos. Pueden llegar a ser criminales sociales o ser muy incapaces de desarrollar intimidad emocional con alguien.

Es cierto que hay padres que trabajan mucho porque es necesario para mantener la familia. Sin embargo, hay padres que trabajan demasiado para evitar la intimidad en el hogar o porque no quieren llegar a casa. He visto a algunos que no tienen tiempo para el hogar, pero tienen tiempo para aventuras extramaritales, beber con los amigos o jugar golf.

Por su parte, muchas hijas anhelan a sus padres. Hasta se podrían atrever a presionarlos para que les provean más apoyo emocional, insistiendo en que el dinero no es suficiente. Tal vez busquen atención mediante actos autodestructivos, o teniendo un novio que papá deteste o que se parezca a papá. Hay un ejemplo interesante. Los médicos son profesionales que, por la naturaleza de su trabajo, no tienen mucha presencia en el hogar. He escuchado al menos cinco muchachas decir: "No quiero un esposo médico por nada del mundo", y terminaron siendo esposas de médicos. Unas han logrado hacer a su antojo el itinerario de sus maridos. Otras repitieron el ciclo y se sienten solas con sus hijos.

Muchos de los perfectos proveedores nunca escuchan los gritos de sus hijos ni los llegan a conocer. Claro que niegan o no saben si han hecho algo negativo. Están convencidos de que son los proveedores de su familia, tienen la razón, y resienten que su esposa y sus hijos no aprecian sus esfuerzos.

Si tenemos en cuenta que este padre ausente por lo menos tiene un concepto, aunque sea limitado, de responsabilidad, la batalla no está perdida.

Papá:

1. Asegúrate de tener un teléfono celular, un iPad o cualquier otro medio electrónico que permita que tus hijos vean tu cara cuando no estás; y que permita, sobre todo, que los vea cuando hagas llamadas inesperadas para ver dónde ellos están y con quién. Tal vez se quejen de ser espiados. No les hagas caso. Van a recibir el mensaje sutil de que te interesas en ellos. Diles "te quiero", "hola",

"¿qué haces?" No tienes que hablar mucho. Tu presencia física es irremplazable, pero la tecnología bien utilizada facilita que sientan el amor que les tienes.

2. Conversa con tu esposa y entérate de todo lo que pasa en la casa y con tus hijos. Si tienes suficiente información, vas a dar la impresión de que estás en control de todo, como si estuvieras presente.

3. Decídete a estar en los eventos importantes, aunque puedas ir a un partido de fútbol sólo quince minutos.

4. Sé accesible, aunque tengas que decir a tu familia que sean breves cuando llamen. Eso da mucha seguridad.

5. Examina tu agenda. Tiene que haber horas y días donde puedas separar tiempo para ir a cenar con tu familia, con tu esposa o llegar temprano a tu casa.

6. Si alguna situación te causa desinterés en llegar a casa, resuélvela.

Mamá, cuando tu esposo haga todos estos esfuerzos, reconócelo. El hombre también habita en medio de la alabanza.

El padre que muere

Cuando muere un padre, un niño pasa por una confusión de sentimientos. Si el padre era abusador, hay una sensación de alivio y se siente culpable por esto. Si no lo era, le perdona cualquier transgresión y se imponen los buenos recuerdos, especialmente si el padre muere bajo circunstancias fuera de su control. Si un hombre muere por descuidos, los hijos sienten más abandono e ira. Si un hombre muere accidentalmente y ha sido un muy buen padre, el proceso del duelo es algo diferente, según las circunstancias. Hay ira, pero mayormente queda el dolor. En todas las circunstancias, queda una profunda sensación de abandono y de injusticia. Es común pensar: "No entiendo por qué se tuvo que ir" o "No sé por qué Dios se lo llevó". A los hijos los arropa la inseguridad y la falta de protección que sienten.

Cuando el padre está ausente por muerte, aunque los hijos necesiten una figura paterna, no están dispuestos a aceptar un sustituto. Se vuelven sobreprotectores hacia los otros miembros de la familia y rebeldes ante la autoridad. Crean un sentido de responsabilidad general hacia su madre, especialmente en el caso de un hijo varón. Necesitan tiempo y mucho apoyo de sus madres y ayuda profesional, para superar su pérdida.

Los hijos de este tipo de padre ausente, como todos, necesitan de Dios, pero hay que ser muy cuidadoso. Dentro de su proceso de dolor y abandono, generalmente cuestionan a Dios y no entienden lo que pasó. Aunque sean cristianos, les va a dar coraje si oyen que "Dios se lo llevó" o "Está mejor porque está con el Señor". Van a culpar a Dios de haberse quedado huérfanos y pueden desarrollar rebeldía. Es imperativo orar, tener paciencia, vigilar lo que se les dice y proteger la imagen de Dios ante ellos porque Dios es el Padre que van a tener siempre. No les hagas difícil el camino de regreso a Él.

El padre enajenado y el padre inexpresivo

Muchos padres no aprendieron lo que conlleva estar activamente involucrado en la vida de sus hijos. Estoy segura de que ése fue el modelaje de crianza que tuvieron. Piensan que su mera presencia es suficiente para constituir paternidad, pero no es cierto. Los hijos no tienen oportunidad de establecer ni desarrollar una relación con ellos, independiente de la madre.

Este tipo de padre le deja todo a la madre, quien tampoco encuentra cómo involucrarlo. Cree que los niños son responsabilidad de la madre hasta que hacen algo mal o se comportan irrespetuosamente. Entonces interviene como el gran poder temible que endereza a todo el mundo. Él piensa que ésa es la imagen que debe proyectar, pero, como resultado, desarrolla una relación negativa con sus hijos. Lo perciben como el tipo malo, injusto, en vez del modelo de apoyo y amor que querrían tener.

Este padre suele coincidir con el padre inexpresivo, que en alguna forma es otro padre ausente. ¿Por qué ausente? Porque es imposible saber lo que piensa y siente, tan imposible como relacionarse con él. No comparte sus emociones ni en sus acciones, ni hablando, ni en sus miradas. Sus hijos no saben si los aprueba o los desaprueba, dejándolos sin idea de lo que está bien o está mal. Sus hijos no lo conocen. No saben cuándo va a decir que no o cuándo va a decir que sí. Su negativa de darles alguna indicación de lo que está pensando los deja con sentimientos de inseguridad y desconfianza.

Un padre inexpresivo es un padre ausente porque se separa de sus hijos y vive dentro de sí. Aunque vive con ellos físicamente, sus hijos se sienten incapaces de relacionarse con él, no se sienten amados y no saben qué esperar de él. Tampoco saben cómo se supone que se comporten. Dado que ése es el único modelo masculino significativo que tienen, hay una gran probabilidad de que copien la conducta cuando adultos. Es probable que también formen una familia disfuncional de padre enajenado.

He conocido muchos de esta especie que, muy dentro de sí, aman a sus hijos, pero cargan su bagaje de aprendizaje por los padres que tuvieron. Algunos presentan mucha ira interna sin expresar, pero otros no. Lo único que he visto que puede cambiar un poco este cuadro es tener a alguien de confianza que le explique a éste la importancia de expresarse ante sus hijos y su esposa. Es importante que entienda que su hermetismo lo convierte en un padre emocionalmente ausente.

Para ti, papá

Yo sé que en nuestra sociedad no se fomenta que el hombre exprese sus emociones. El proceso tradicional de crianza del hombre no le permite ni siquiera llorar. A veces pienso que ser hombre debe ser muy difícil porque la supresión y represión emocional que se le exige, a menudo es más de lo que un ser humano puede tolerar.

Pero tus hijos son para ti una gran oportunidad. Puedes ser tú, manifestarles amor libremente, llorar y reír con ellos. Cuando son pequeños, no te van a juzgar; los niños tienen una hermosa capacidad de aceptación. Si crecen contigo, ya estarán acostumbrados a que tal vez les das de ti lo que no les das a otros. Tus hijos son quizás las únicas personas que puedes amar sin miedo. Abre tu vida para ellos.

El padre ignorante

Hay una gran cantidad de padres que quieren hacer "lo correcto" para sus hijos y cónyuges. Están llenos de amor, compromiso y buena voluntad. Pero como la sociedad ha decidido que educar al varón en asuntos del hogar es de menor prioridad que educar a la mujer, muchos hombres no tienen idea de cómo ser padres. ¿Cuáles son sus responsabilidades? ¿Qué deberían estar haciendo para sus esposas, hijos e hijas? La mayor parte de estos hombres no crecieron con modelos adecuados. Recuerda una vez más que los niños aprenden copiando conducta. Si no tuvo un padre que tomara en serio su paternidad y lo instruyera, se siente perdido cuando se convierte en padre.

Si la madre lo protegió demasiado y lo hacía todo por él sin desarrollarle el concepto de futura paternidad, lo más seguro es que no le fomentó el sentido de responsabilidad y protección hacia los demás. Para empeorarlo, la sobreprotección produce un sentido de incapacidad e inutilidad.

Con este trasfondo, es probable que este hombre escoja una mujer que lo haga todo por él, en vez de dirigirlo a desarrollar destrezas paternales. Él entonces no sabría expresar su compromiso y buena voluntad en la crianza de sus hijos. Se va a sentir frustrado porque va a ser incapaz de desarrollar una relación sólida con ellos.

El padre ignorante es un caso esperanzador. Basta con que él admita que necesita ayuda y esté dispuesto a recibir ayuda y trabajar. Ofrécete a enseñarle. Entrénalo y verás maravillas.

Una de las cosas que pondero y admiro de la tendencia moderna entre los obstetras y los pediatras es su empeño en involucrar a los padres en cursos de preconcepción y prenatales. Hoy día se estimula a los padres a educarse en el proceso de desarrollo del niño. Es asombroso cómo toda una vida de falta de información, modelaje y programación negativa puede sustituirse con el orgullo del conocimiento y la participación. Si la esposa refuerza este sentimiento, el padre ignorante, pero interesado en ayudar, se convertirá en un experto y llenará plenamente su rol con éxito y felicidad.

El padre comprometido a medias

"Cuando cumplan dieciocho años, ya terminaste" es la clase de consejo que los papás jóvenes escuchan de otros papás. Es más una amenaza que una promesa, como si criar a los hijos fuera un castigo. Los sistemas legislativos y judiciales han fijado la pauta para este tipo de actitud. Convenientemente para ellos, muchos hombres se aplican este consejo. Crían a sus hijos hasta los dieciocho años, y luego les dicen: "Estás por tu cuenta".

Papá, piensa: ¿Cómo te comportabas cuando tenías dieciocho años? ¿Eras sabio, maduro y experimentado? ¿Ganabas lo suficiente como para vivir independientemente? ¿Tenías buenos criterios de juicio para tomar decisiones? ¿Podías obtener un empleo bien pagado con solamente un grado de escuela superior? ¿Tenías lo suficiente como para pagar una educación y luego proveer para un hogar? No creo que ése sea el caso. A los dieciocho años, lo que se tiene en inteligencia, falta en sabiduría, experiencia, educación y dinero. A los dieciocho años, no importa quien sea ni de dónde venga, le esperan importantes decisiones y cambios críticos. Esos "adultos", según los llama el sistema legal, todavía necesitan a sus padres para dirección y educación. Es más sabio que los padres impulsen a los hijos y los ayuden para que se eduquen, en vez de empeñarse en independizarlos a los dieciocho años. Les conviene a todos.

Mientras ese hijo se prepara mejor para independizarse

financieramente, tiene tiempo para crecer, madurar y tomar las mejores decisiones de vida. Entonces ese padre tendrá paz en su vejez, tal como lo dice la Biblia. Dejar las cosas a medias es ser un padre ausente cuando se le necesita. Dios no deja nada a medias y Él es nuestro Padre. ¿Qué tal si lo imitamos?

El esposo que interesa ser pareja, pero no padre

El hombre está más interesado en la pareja que en la familia. Cuando le gusta una mujer y la quiere lo suficiente para casarse, está pensando en ella primero y no en la familia que van a tener. Sin embargo, algunos saben intelectualmente que van a tener familia y, en el momento apropiado, manejan la situación responsablemente. Otros no aceptan la idea y permanecen con su mente en la relación de pareja.

Hay explicaciones para eso, pero no excusas.

1. Lo criaron como hijo único, dándole toda la atención. Se casa y pretende que todo siga igual. Ve a los niños como competencia de la atención de su esposa. No está suficientemente maduro para entender que su relación matrimonial no es nada parecido a su relación con sus padres.

2. Se aferra a la ilusión de la soltería. No ha aceptado sus responsabilidades de adulto ni de casado. Ve a su esposa como una pareja para festejar, gastar, salir, viajar y planificar un futuro, pero sin la responsabilidad o la carga financiera de levantar una familia.

3. Piensa demasiado en pasadas experiencias de otros. Hay muchos hombres que han visto

parejas cercanas, a veces sus propios padres,
cuyas relaciones se han destruido y han culpado
a los hijos por eso. El criar una familia es un
reto al que no todas las parejas sobreviven, pero
es injusto culpar a los hijos. El factor importante
es la solidez y la capacidad de adaptación de la
pareja. Estos hombres no lo ven así y de verdad
piensan que los hijos son un estorbo.

El padre orientado hacia la pareja piensa en el matrimonio
sólo en términos suyo y de su esposa; no como una unidad
donde puede crecer una familia feliz. Ya que sólo le importa
su propia felicidad, cuando tiene un hijo, niega la presencia
del niño. Ninguno de sus planes –diarios, a corto o a largo
plazo- incluye al niño, y demuestra poco o ningún interés en
él. Intenta una y otra vez desviar hacia él la atención de su
esposa, como si el niño no existiera.

Es impaciente, intolerante, ajeno y ausente en su totalidad.
El niño crece sintiéndose rechazado por su papá y extremadamente apegado a su madre, especialmente como protectora.
Como todos los niños que tienden a adjudicarse la culpa de
todo lo que pasa a su alrededor, crece con una culpa que no
entiende. Las probabilidades de desarrollar una relación padre-
hijo son casi nulas, si no ningunas, sin mencionar el abuso emocional, sicológico y a veces hasta físico que la actitud implica.
Hay un efecto a largo plazo que se internaliza como de que es
la norma de la conducta paterna. Los niños repiten el patrón en
sus vidas y se pasan toda la vida en el mismo drama.

El padre sicótico

La mayoría de los padres sicóticos no están hospitalizados, no buscan, aceptan, ni reciben ayuda profesional. Según ellos, están bien. Muchos hombres piensan que los hombres de verdad no piden ayuda, y sus problemas psiquiátricos se quedan sin tratar, para detrimento de ellos y de su familia. A tiempo, quizás el sicótico no hubiera llegado hasta donde está. Desgraciadamente, ante los problemas mentales se desata una epidemia de negación que contagia a las familias y a todo el que está cerca. Les resulta inaceptable la realidad.

Los padres sicóticos se manifiestan en diferentes formas: sutil, ocasional, constante, tranquila o violentamente. Una familia asustada puede mantenerlo secreto por miedo o vergüenza. La sociedad, que todavía ve como estigma buscar ayuda profesional, les impiden mejorarse. Con padres en ese estado, es imposible establecer una relación. Un padre así es como si no existiera y, lo que existe de él, es extremadamente dañino a corto y a largo plazo.

Hay un mecanismo de defensa muy perjudicial cuando se enfrenta este problema: la negación. Lo primero es que no todo el mundo puede discernir que alguien está sicótico. Cuando un hombre en la familia se comporta extrañamente, el "shock" es tan fuerte, que la esposa es la primera en no poder admitirlo, y justifica la situación como algo temporero. Otra vez los hijos van a creer que tienen culpa, que esa conducta es normal, o que tiene remedio con el tiempo. Cuando finalmente se reconoce al paciente sicótico, el miedo es tan paralizante que la familia no encuentra cómo enfrentar el problema y salvarse de él. La madre, llamada a ser el adulto protector, se involucra en una relación codependiente e incapaz de proteger a su familia de los efectos. La confusión es tal, que no se puede ver desde adentro lo que otros ven desde afuera.

Si la familia reacciona y busca ayuda, se ve impotente ante la ley. De acuerdo con la Ley HIPA que reconoce los derechos de los pacientes, cuando un paciente no acepta tratamiento, nadie lo puede obligar.

Un siquiatra muy reconocido que dirigía una clínica de niños mientras yo estudiaba, me dijo una vez: "Cuando tratas con padres sicóticos, el niño tiene dos alternativas: entrar en un ajuste neurótico que comprometa su salud mental, o huir de él y salvarse". ¿Qué pueden hacer los hijos? ¿Quién los rescata? Si no son rescatados a tiempo, ¿en qué tipos de padres habrán de convertirse?

La dura realidad es que nadie los rescata. Viven impotentes a la sombra de la enfermedad de su padre, y sus relaciones futuras son disfuncionales. No hay siquiera leyes realistas para salvarlos, velar por sus futuras familias y romper el círculo vicioso.

Éste es otro tipo de padres ausentes que, estando presente, más daño puede hacer. Cae en la misma categoría del padre alcohólico y el padre drogadicto. Los tres son amenazantes a la vida, a la seguridad, a la salud mental y a la posibilidad de sus hijos de capacitarse para ser padres funcionales en el mañana.

Capítulo 4

LA IMPORTANCIA DEL MATRIMONIO

E N UN PAÍS donde la tasa de divorcio es de un cincuenta por ciento, todavía el ochenta y ocho por ciento de la población piensa que el matrimonio debe ser un compromiso a largo plazo. El ochenta y nueve por ciento piensa que los hijos deben criarse con papá y mamá juntos. El noventa y siete por ciento piensa que los padres son tan importantes como las madres. El mito de que el matrimonio está pasado de moda sólo lo expresa la población joven (La ignorancia es atrevida o su experiencia fue muy dura.) Los hijos de padres que se divorciaron antes de que ellos fueran adultos tienen miedo al matrimonio y pasan por dificultades graves en sus matrimonios, si se casan.

Sí. El matrimonio sigue de moda, como todo lo que Dios hace. Es muy importante para los futuros hijos de tus hijos, aparte de que se ha encontrado que los hombres son mejores padres cuando están casados con las madres de sus hijos.

La importancia del matrimonio en relación con la paternidad es muy compleja y tiene un largo proceso que incluye la selección de pareja, el noviazgo y la decisión de contraer matrimonio. El mundo moderno y sus falsas creencias lo hacen más complicado. Lo examinaremos por partes.

El noviazgo

Antes los jóvenes se hacían novios y se conocían durante esa relación. Unos llegaban al matrimonio, otros no. La costumbre no era adelantar los privilegios matrimoniales. Si se adelantaban, se les llamaba de otra manera. La semántica era clara; nadie se confundía.

De un tiempo a esta parte, muy a mi disgusto, tengo que ver en las revistas, en mis vecinos y hasta entre cristianos, adjudicarse el honor de llamarse "novios", cuando en realidad son marido y mujer sin compromiso legal ni divino, o amantes. Si el hombre está casado, tiene novia; no tiene chilla, querida ni concubina. ¿Novia? Yo creía que novia tenían los solteros. Y bajo esa confusa relación fuera de la ley de Dios y la del hombre, empiezan a traer al mundo seres inocentes que no saben si el padre estará disponible. ¿Has visto cuando le hacen una entrevista de televisión a una celebridad (que queramos o no, es un modelo social) y anuncian que está embarazada de su novio Fulano, para en unos meses entrevistarla como madre soltera porque el novio se fue?

Para definirnos apropiadamente, hablemos de que el noviazgo o antesala matrimonial es para darse cuenta de si hay verdadero amor y no enamoramiento, y si la pareja se conviene mutuamente o son yugo desigual. Yugo desigual no es solamente si uno es cristiano y otro no. Es si son compatibles en educación, cultura, conducta, costumbres, prioridades, estilos de vida, y si podrán convivir de una manera funcional. Porque después de los fuegos artificiales, el matrimonio se sustenta en una convivencia sana basada en intereses y metas comunes.

Durante esta etapa de selección de pareja, me preocupa algo que veo ocurrir entre los cristianos. Es un fenómeno que debe levantar banderas rojas.

Ocurre así. Ambos van a la misma iglesia. Si ella lo miraba y él la miró, ella dice: "Esto es de Dios". Si después le habla en un retiro: "Esto es de Dios". Se lo encuentra en un centro comercial y dice: "Esto es de Dios". Casi no lo conoce, pero está convencida de que ése es el hombre que Dios tiene para ella. Después lo conoce, y lo malo que puede ver (porque está tan enamorada que no puede ver), se lo encomienda a Dios porque Dios va a hacer el milagro de cambiar al tipo para ella (no recuerda que Dios le dio libre albedrío).El pastor predica algo que ella conecta y se sigue convenciendo de que ése es el hombre de su vida. Luego lee los Proverbios de la mujer virtuosa y está segura de tener todo lo que él necesita para cambiar. Y como cualquier mujer del mundo, ella jura que Dios la escogió para ayudarlo y convertirlo en un hombre nuevo, por más que haya oído que el Espíritu Santo es el único que transforma. Por supuesto, su galán utilizará su labia para confirmarle toda la teoría. Lo peor es que el matrimonio le sale mal y ¿a quién termina echándole la culpa? A Dios. Pero Él nos dio discernimiento y dominio propio. ¿Qué hizo con eso? ¿A que ese versículo no lo leyó?

De manera similar, en el noviazgo, los hombres y las mujeres tienden a enfocarse en la "química". A menudo, ninguna de las partes visualiza una relación a largo plazo. Ambos creen que si hay buena química, la relación va destinada al éxito. Después de todo, la pasión y el romance son las claves de una vida feliz, ¿verdad? ¡No!

La química será importante, pero no es suficiente para sostener una relación a largo plazo, que procreará hijos. El estar casados y criar hijos conlleva mucho trabajo en equipo, compromiso, respeto y paciencia. Una relación tiene que poder resistir el estrés que traen los niños.

El noviazgo de hoy es más mercadeo que discusión franca. ¿Tiene un carro bonito? ¿Viste bien? ¿Gana suficiente dinero para mantener el estilo de vida deseado? ¿Pueden comprar una casa grande? ¿Cómo se verá él a su lado? Estas mujeres no ven al prospecto como alguien que compartirá las responsabilidades diarias de la familia. Están entretenidas en que tienen "novio" y "hacen una parejita tan mona..." Les parece hasta romántico que solamente tengan dinero para invitarla a un restaurante de comida rápida y ellas tengan que acabar pagando.

Cuando una mujer no está pendiente a cómo el hombre trata con los niños, cuál es su relación con su familia, y cómo es durante los tiempos difíciles, nunca llegará a ver cómo es realmente su posible esposo. El romance es bonito, pero una vez se acaba la primera ilusión, comienza el verdadero trabajo y ahí es donde triunfa o fracasa un esposo y un padre.

Durante el noviazgo, las mujeres deben tener la suficiente madurez para notar si la relación va en serio, y preguntarse a sí mismas: "¿Será éste un hombre con quien puedo trascender del romanticismo superficial al matrimonio? ¿Será un buen padre o no? ¿Me va a ayudar en el hogar? ¿Va a ser mi compañero en la crianza? ¿Se va a turnar conmigo las malas noches cuando tengamos a un recién nacido o nuestro hijo se enferme? ¿Estará dispuesto a que seamos un equipo en todo? ¿Es el modelo que yo quisiera que mis hijos imitaran? ¿Es un hombre trabajador y responsable? ¿Tiene un buen trabajo que le permita mantenerme y proveer a nuestros hijos? ¿Le interesa superarse? ¿Tiene posibilidades de mejorar sus ingresos?

El problema con contestar estas preguntas objetivamente es

que la mujer está tan orientada a la maternidad, que se cree capaz de criar a los niños por cuenta propia, siempre y cuando el marido provea dinero. Un padre es más que eso. Piensa en cómo quieres que tus hijos sean tratados y en la clase de persona que los trataría así. Piensa en cuán bien podrías trabajar con un hombre y si se podrían dividir equitativamente la labor de criar. No se te ocurra que puedes cambiar en tu novio lo que ves ahora. Las mujeres juramos que podemos cambiar al mundo y que somos heroínas al rescate. Eso es falso. Puedes tal vez readiestrar a un hombre con unos principios familiares claros, pero cambiar una personalidad, olvídalo.

Cuidado con la ceguera de amor. La sensación de enamoramiento te hará vivir en negación de las fallas de un hombre como posible padre. El noviazgo es la temporada de mercadeo y los hombres saben venderse bien. A pesar del riesgo de ser seducida emocionalmente, éste es el momento en que la mujer tiene que decidir si el hombre va a ser un buen padre. Ella tiene que ver cómo es la relación de él con su familia inmediata. Si no tuvo un buen padre, o hará el esfuerzo para ser un buen padre, o duplicará al mal padre que tuvo. Siempre habrá dos posibles reacciones.

Más allá de su relación con su familia, una mujer puede determinar qué tipo de padre es el hombre al poner atención en cómo la trata. ¿Tiene paciencia con ella? ¿Es generoso y respetuoso? ¿Es leal a sus amigos? Los amigos que escoge, ¿son respetuosos y buenos hombres de familia? El tipo de amigos que un hombre escoge habla mucho de sus conceptos de lealtad y cómo maneja los altibajos de las relaciones.

Si estas áreas de la vida de un hombre están en orden, una mujer no debe temer pedirle al hombre que hable lo que piensa respecto a la paternidad y la crianza de los niños. El hombre podría sentirse presionado si habla de paternidad con su novia, pero es mejor averiguar estos puntos de vista de antemano, a esperar a que nazca un hijo para descubrir que hay puntos de vista divergentes. Además, asegúrate de que él entiende cuán importante es la crianza de los niños.

Una vez una mujer tiene un hijo con un hombre, no puede reemplazarlo como padre; por eso tiene que saber escoger. La extenuante crianza de los hijos debe ser un trabajo en equipo, y la búsqueda de un buen compañero tiene que anteceder a la primera mirada romántica. Una mujer debe decidir de antemano lo que quiere para sus hijos, y hacer de ello una prioridad.

Los hombres piensan a corto plazo cuando se trata de las mujeres. Tienen mucha orientación de pareja durante la etapa del noviazgo y piensan en su relación desde la perspectiva del presente. Algunos hombres piensan en familia y matrimonio, pero típicamente no hablan sobre eso. Es más, hablar de familia y matrimonio es una forma segura de espantar a muchos hombres, pero es necesario si la relación va en serio.

Por eso mi tesis para las mujeres es: "Conoce primero y decide amar después". A un hombre cabal se le aprende a amar con mucha facilidad. Claro, tiene que empezar gustándote. Cuando escoges pareja, escoges un compañero de por vida y, sobre todo, al padre de tus hijos. Piensa, no sólo lo que te conviene a ti, sino a tus hijos.

El matrimonio

Al momento de traer a un niño al mundo, debe haber estabilidad y estructura en el hogar. El matrimonio legal provee estas cosas, más de lo que puedan pensar algunas parejas. Al casarse, el hombre hace valer en público su compromiso de protegerla a ella y a la familia que procreen. Cuando el hombre da el paso de oficializar su relación, va mucho más allá del acto de mudarse a una casa o apartamento. La mujer tiene que exigir este compromiso antes de acordar tener hijos.

Las mujeres tienen que expresar a sus hombres su interés en el matrimonio y la importancia que le dan. Es parte de alcanzar respeto ante ellos y ante sus futuros hijos. Debe demostrarle que él es apreciado y que ella quiere que críen sus hijos en conjunto, dentro de la santidad y el orden legal del matrimonio.

Hay gente que establece su propio desorden y tiene hijos sin haberse casado. En pleno siglo 21, la excusa es más vieja que el frío. "Nos amamos y no necesitamos un papel", o "¿De qué sirve un papel?". Dios querido, si yo les hiciera una lista de para qué sirve ese papel, este libro no tendría final. Mira a tu alrededor todas las penurias por las que pasan las mujeres y los hijos sin "el papel" que algunos dicen que "no vale nada". Lo peor es que, tanto el mundo secular como los cristianos, aceptan esto con una sonrisa, pero no es lo que más conviene a los hijos por venir.

Resulta que la mayoría de los hombres que tienen niños dentro de este tipo de unión no oficializada bajo el marco legal, se sienten menos obligados a participar en las vidas de sus hijos. No se toman la iniciativa de mantener a los hijos que ayudaron a procrear.

Algunos alegan que el matrimonio es meramente la creación de las iglesias y los gobiernos, y que no es un sustituto para un hogar amoroso. La verdad es que lo usan como pretexto para evadir su responsabilidad. El matrimonio es la base de un hogar amoroso. El amor es confianza, respeto, compromiso, seguridad y protección, y todo eso se demuestra con la determinación de casarse. La unión consensual es el cuento de los hombres irresponsables que no se quieren casar con ésa que es la novia ahora. Más adelante, se casan con otra.

El compromiso legal ante una esposa e hijos es un paso que indica una completa disposición del hombre a participar activamente en su propia familia. Parece mentira que aún haya mujeres que se crean que las aman mientras les niegan "el papel". Yo lo voy a poner bien sencillo. En esta vida todo tiene un precio. Aunque a la gente le encantan las cosas gratis, hay un precio a pagar por todo. Los privilegios matrimoniales tienen un precio; sólo que muchos hombres no quieren pagarlo y las mujeres se lo permiten. ¿Resultado? Más hijos sin padre.

Cuando un hombre es confrontado con la paternidad sin haberse casado, examina varias opciones. Piensa en la posibilidad de convivir con la madre de sus hijos, sustentándoles mediante el arduo trabajo y la dedicación. Puede huir y evitar apoyarles. Considera vivir separado de ellos y apoyarles financieramente. Algunos deciden casarse. El que decide convivir sin casarse, no sabemos si va a llegar al altar.

En una unión consensual, el hombre siente la libertad de marcharse en cualquier momento, ya que no se expone a una repercusión. Es más, muchos hombres evitan el matrimonio por temor a las responsabilidades legales que podrían enfrentar en los tribunales, tales como la manutención, sea alimentaria o conyugal. ¿Será posible que temas mantener a tu hijo, cuando no tuviste miedo en divertirte engendrándolo?

El hombre que tema entrar en una relación sancionada por ley tiene reservas acerca de permanecer al lado de una mujer. Estas excusas de no creer en el matrimonio, no necesitar un papel, o no ver la necesidad de que el estado oficialice la relación, no son sino intentos de evadir el compromiso. Las más recientes excusas que he escuchado para no casarse son: "No nos conviene contributivamente" o "No tenemos dinero para la boda", sin contar el que dice: "No estoy preparado para el matrimonio".

El matrimonio provee gran cantidad de beneficios y protecciones legales a niños y cónyuges, no provistos por otros tipos de uniones. El ser declarada como esposa de alguien podría hacer toda la diferencia a la hora de adquirir seguro médico, beneficios laborales, ausencia por maternidad, poderes legales, decisiones escolares, entre otros recursos importantes. Sin las protecciones legales del matrimonio, una madre podría carecer de mucho más que tan sólo un padre para sus hijos, además de quedar sin apoyo financiero. El hombre que quiera mostrar su compromiso a su familia debe asumir su compromiso ante Dios y ante las leyes de los hombres.

Hay hombres y mujeres que no se quieren casar por miedo al fracaso, según lo han visto en otras parejas o en sus padres. Creen que el matrimonio tiene que ser mágico y que debería ser perfecto todos los días. Si no es perfecto, según ellos, no sirve. En el moderno afán de la gratificación inmediata, se comportan como niños pequeños que no han aprendido a esperar por su recompensa. En las relaciones humanas, particularmente el matrimonio, hay que tener paciencia para esperar la gratificación y aprender el arte de la negociación. Algunos quieren su premio sin hacer el esfuerzo necesario.

Yo estoy convencida de que muchas parejas se divorcian porque no se conocen, no se tienen tolerancia, pasaron por alto cosas que creían que iban a desaparecer por magia, y no les interesó trabajar la relación. No hay relación perfecta. Si hay que trabajar la relación entre madre e hijo, aunque hayamos cargado a ese niño en el vientre por nueve meses y lo amemos como a nadie, imagínate una relación con un hombre que es casi un extraño.

Medita en esto. Te enamoras, sientes mariposas en el estómago, el corazón te late más rápido. "Te quieres morir" cuando lo ves o la ves. La emoción es casi insoportable. Entonces te casas. Es un principio probado que todo estímulo que se repite reduce la sensitividad a él (eso se llama desensitización sistemática) Quiero decir que cuando ves a la pareja todos los días, la sensación de fascinación baja y empieza la convivencia. No es que se fue el amor. Es que ahora empieza la etapa de solidificarlo. Ah, pero hay gente que pretende seguir en el éxtasis del primer día. ¿Tienes idea de lo que te pasaría a ti y a tu salud si vivieras en esa alza de adrenalina a diario, durante veinte años? Yo te aseguro que el organismo sufriría tanta presión, que morirías antes de diez años. No hay cuerpo que lo resista.

Insisto: Dios todo lo hace perfecto. Cuando hay verdadero amor, habrá fuegos artificiales de vez en cuando, y muchos detalles mantendrán viva la pasión, pero hay que dar paso a la solidez y al plan de vida.

Alguien me comentó una vez, muy sabiamente: "Yo no sé por qué la gente se descasa y se vuelve a casar por emoción. Total, todas las relaciones llegan al mismo nivel de tranquilidad. Entonces es peor porque hay que empezar otra vez a edificar y es mucho más trabajo. Casi nunca la grama es más verde del otro lado de la verja". La adrenalina siempre necesita bajar. Mejor aprende a subir tu adrenalina con la pareja que tienes, si no está loca ni es abusadora.

Tú, varón, si de verdad te importa la madre de tus hijos, no dañes su dignidad poniéndola en una situación dudosa. Si realmente sientes que quieres formar un hogar y hacerte respetar por tus hijos, oficializa tu unión: cásate. Ten fe en Dios y en tu capacidad de construir un hogar feliz. ¿Sabes por qué el aro es símbolo del matrimonio? Porque es un círculo continuo, sin principio ni fin, y simboliza la eternidad.

Muchos matrimonios que se desintegran en este país tuvieron sus raíces en hogares huérfanos de padre. Cuando las mujeres crecen sin su padre, no internalizan un buen ejemplo de esposo y padre. Se pasan la vida adulta buscando a un suplente. Esto puede producir matrimonios infelices porque la seguridad y la comodidad que buscan estas mujeres no pueden ser reemplazadas por alguien que no es su padre. Las mujeres sin buenos roles paternos no desarrollan los criterios adecuados para escoger al marido correcto.

Lo mismo ocurre con hombres que se crían sin su padre. Se pasan la vida inseguros sobre cómo actuar como esposos y padres. Estas emociones encontradas surten su efecto en cualquier relación, pero especialmente en un matrimonio, donde el hombre puede sentirse confinado y restringido. Tú no querrás que tus hijos pasen por esto ¿verdad?

Antes las familias motivaban a sus hijos a casarse oficialmente. Enseñaban que comprometerse con una pareja y comenzar una familia era parte del proceso de maduración. Se sobrentendía que el único compromiso aceptable del hombre hacia la mujer (y viceversa) cuando decidían cohabitar, era bajo el compromiso pleno de la legalidad. Había una buena razón para eso.

El matrimonio es como un embarazo. No se puede estar "más o menos" embarazada. Se está o no se está embarazada. El compromiso de pareja es igual. Tú no puedes decir que tienes un compromiso con alguien, y luego rehusar casarte con ella. Esa renuncia revela los verdaderos sentimientos. También demuestra que, de antemano, la relación está sentenciada a muerte porque ya tienes un pie en la calle, por si hay que echarse a correr.

Gran parte del éxito de una relación es la decisión consciente de ambos cónyuges de considerar la relación como una permanente. El éxito en el matrimonio conlleva mucho trabajo, pero la grandeza nunca llega fácil. La crianza conjunta de los niños y el esfuerzo de ser una pareja en todo lo que eso implica, les acercará más y les fortalecerá individual y conjuntamente.

Algo que las parejas pasan por alto es la importancia de asistir a consejería prematrimonial. Según estudios realizados entre parejas casadas en los Estados Unidos, el cuarenta y siete por ciento piensa que la consejería prematrimonial debería ser un requisito legal para casarse. El ochenta y seis por ciento piensa que se debe recibir consejería prematrimonial. Un buen consejero observa y abre los ojos sobre factores que la persona involucrada no ve. También puedes recibir una visión más clara de lo que puedes esperar del matrimonio. Yo pienso que nadie se debe casar sin consejería prematrimonial.

Por último, quiero compartir esto. Una persona me preguntó: "¿Cómo tú sabes que Dios inventó el matrimonio?" Yo le respondí, pendiente de cubrir todas las bases: "Primero, lo sé porque creo que la Biblia es la Palabra de Dios. Segundo, porque Dios creó a Adán y Eva, les dio orden de fructificarse y multiplicarse, y los bendijo. Por supuesto, en el huerto no había damas, ujieres, bodas, música ni pompas porque no había más nadie. Los unió el máximo Pastor del universo, que no necesitaba a nadie más, en medio de un huerto decorado con hermosa vegetación y piedras preciosas. Todas las especies de los animales fueron los testigos. De ahí en adelante, aparte de varios pecadillos que salen en el Antiguo Testamento con los que Dios nunca estuvo de acuerdo, todos los hombres buscaban esposa y se casaban. Había concubinas, pero no confusión. Eran claramente concubinas. Jacob tuvo que trabajar catorce años por la mujer que amaba. Mira si era poderosa la figura paterna y si era de Dios el matrimonio. David, conforme al corazón de Dios, tuvo que arrepentirse sinceramente para que Dios lo perdonara de interrumpir el matrimonio de Urías. ¿Será de Dios el matrimonio o quieres que sigamos leyendo la Biblia?"

Importante...

Queridas mujeres, cuando hayan salido con un hombre el tiempo suficiente como para anticipar una propuesta de matrimonio y vean que trata de mudarse con ustedes sin garantizar ni definir nada, sepan que ése no es el hombre para ustedes, aunque sea cristiano o les declare amor eterno. Siento tener que decirte que ser cristiano y jurar amor eterno no garantizan nada si el hombre no tiene conexión con Dios. Desde siempre, cuando un hombre dice no estar "preparado" para casarse contigo, obviamente no está "listo" para asumir responsabilidad de una relación, mucho menos de una familia. Es muy probable que nunca esté preparado, y tú no te vas a sentar a esperar por alguien que no respeta ni tu tiempo ni tu dignidad. Cuando esté "preparado", si tú estás interesada, te puedes casar con él (legalmente). Mientras tanto, tú no estás "lista" para perder tu tiempo con las conveniencias de él. Además, un hombre que duda en hacerte su esposa ¿tú crees que es digno de ti? ¿Es eso lo que quieres para ti?

Varón, si amas y respetas a esa mujer, cásate. Los hijos merecen y tienen el derecho a nacer dentro de un matrimonio constituido por las leyes de Dios y las leyes del hombre, que les garantice estabilidad, seguridad, protección y un padre responsable.

Capítulo 5

¿QUÉ ES Y CÓMO NACE UN PADRE?

"En el cielo, directamente después de Dios, viene un papá".
WOLFGANG AMADEUS MOZART

¡**P**API, ERES EL mejor papá del mundo! Ésa es la frase que todo padre quiere oír de sus hijos, particularmente durante los años difíciles de la adolescencia. Quiere escucharlo con amor, desde el alma, con respeto y admiración porque está presente para ellos cuando lo necesitan. ¿Cómo lo logras, papá? ¿Cómo alcanzas ese equilibrio, a la vez que trabajas y ayudas a tu esposa?

Y tú, mamá, ¿cómo ayudas en este proceso? Un buen padre es muy conveniente para compartir las responsabilidades y el trabajo de la crianza. Hace la vida más fácil y trae paz mental. Todo comienza con descubrir lo que significa ser padre.

No es necesario ser perfecto; sino saber dar lo mejor de sí mismo. Queremos llegar a la perfección de Cristo, pero todavía no estamos ahí. Pero podemos aspirar a que los padres sean imitadores del Padre celestial, que sabe de amor incondicional, presencia, balance, perdón, oportunidad, ejemplo y sabiduría. Ya sé que el Padre es omnipresente y el padre natural no lo es, pero hay muchas maneras de estar en todas partes.

A veces no entiendo por qué ser padre se ha convertido en un asunto tan difícil de aprender, cuando en el pasado, la actitud del hombre era la de "soy padre y tengo que hacer lo que tengo que hacer". No había nada qué discutir. Cuando empiezo a filosofar y veo que hasta los hombres que no son cristianos ven a Dios como Padre y claman a Él, tampoco entiendo por qué la paternidad es tan difícil de entender y aplicar. Todo el tiempo llamamos a nuestro Padre. ¿No tiene eso bastante significado?

Por el momento, hablemos del padre terrenal, cuya presencia nos ocupa porque no es perfecto. Primero que todo, se requiere un verdadero hombre para ser padre. Un hombre es un adulto del género masculino que se compromete con sus responsabilidades en la vida, desarrolla sus habilidades, tiene valores morales y un claro concepto de familia, se relaciona dignamente con la gente y administra sus finanzas con sabiduría. No tiene que ser ni perfecto ni millonario, pero lucha con no ser víctima de los escollos de la vida.

Sabe que la vida es, mayormente, una serie de caídas y nuevos comienzos porque es dinámica, inconsistente, e incierta. La crianza de los hijos no es diferente. Sin embargo, el hombre es aquel, que luego de haber llorado y haberse preguntado a sí mismo "por qué" y "cómo", puede mirar más allá del tropiezo, y moverse hacia adelante por su propio bien y el de la estabilidad de su familia. Entonces, ¿qué hace de este hombre un padre?

El padre tiene las prioridades correctas, conoce sus deberes, se prepara para eso, y siente orgullo de cumplir con su rol a cabalidad. Camina en autoridad, pero no es autoritario. Imparte firmeza con amor. Se involucra y se compromete con sus hijos en alma, corazón, y conducta. Hace honor a la tarea que él sabe que Dios puso en sus manos, y también honra y ama a su compañera de vida. Sabe que no va a ser joven para siempre y que necesitará un grupo de apoyo cuando le llegue la hora. Conoce que tiene que sembrar si quiere cosechar. Ser padre tiene un alto precio y él lo sabe, pero el amor le da paciencia, sabiduría y tiempo para educar. Sabe pedir perdón cuando se equivoca. Entre otras cosas, tiene buen sentido del humor, sabe reír y sonreír ante lo absurdo y lo gracioso de sus hijos, y a veces ante lo que parece trágico.

¿Le parece imposible ser un padre? ¿Habrá un hombre capaz de todo esto? ¡Seguro que sí! Hay miles de hombres que reciben la paternidad con gozo y confianza en Dios y en ellos mismos, y sus hijos los aman. La paternidad es un asunto serio que no requiere tener seria la cara. Tiene una diversidad de recursos dispuestos a expresarse en el momento adecuado.

Nadie nace sabiendo ser padre. De hecho, aunque la sociedad exige a la mujer que sepa ser madre tan pronto da a luz, ella tampoco nace sabiendo. Ambos tienen que aprender todos los días. La mujer tiene a su favor una preparación fisiológica, pero eso no garantiza nada.

Sin embargo, ya que queremos padres presentes, tenemos que entrenarlos. Ya le dijimos palabras bonitas y hasta inspiradoras a papá. Ahora... ¡Manos a la obra! Queremos que, desde temprano, sea un padre en todo el sentido de la palabra.

¿Cómo nace papá?

La pareja llega al matrimonio y después del tiempo que deciden que es prudente, empiezan a planificar sus hijos. Es importante que estén de acuerdo en este tema. Supongo que en este momento, ya la pareja se organizó como equipo de trabajo para todo en el hogar.

Llega la noticia del bebé. Papá se emociona, llora y se siente ¡aterrado! No lo dice, pero en medio de la alegría, le entra un miedo escalofriante. Se dice a sí mismo: "¡Qué responsabilidad!

¿Lo podré mantener? ¿Será saludable? ¡Cuántos gastos! ¡Dios mío, ayúdame!"

Empieza el adiestramiento con todo tipo de cursos sobre el cuidado del bebé, incluyendo primeros auxilios. Es difícil para el padre que trabaja asistir a todo esto, pero muchos centros y médicos tienen esto en cuenta, y ofrecen las reuniones en horarios apropiados. Hay que entusiasmar a ese padre a llenarse de información importante. Cuando llega el día del parto, ya es capaz de todo; hasta de asistir el parto.

Al llegar al hospital, el padre acompaña a su esposa en la sala de partos y está presente en el nacimiento de la criatura, porque así se sentirá parte de su vida desde el principio. Su presencia es irremplazable y debe tener preferencia por encima de cualquiera. Todos deben entender que él es el padre, y ayudarle a que esté al tanto de cada detalle de lo que ocurre. Sus lazos con ese hijo o hija dependen del más primordial toque o del timbre de su voz, y de su disposición a asistir en lo que el bebé necesite.

Si la madre tiene un parto por cesárea, también debe estar presente el marido, a menos que el cirujano indique lo contrario. El lugar del padre no es la sala de espera. El momento de ver a su hijo entrar al mundo es algo que el hombre atesorará para siempre.

Antes de ese magno evento, hace falta preparar otro plan para trabajar en equipo por esa nueva "personita" que trae su propio plan: no dejar dormir a nadie, romper los nervios a fuerza de agotamiento, crear turnos de veinticuatro horas, y lograr que dos personas no tengan más vida que girar alrededor de él o ella como sonámbulos. Si la pareja no tiene prevista la distribución de tareas ni añade un plan de contingencia para todas las improvisaciones que la criatura va a provocar, ese asunto de ser padres va a parecer de todo menos sublime. En medio de todo, papi, prepárate para apoyar a mami cuando le entre la depresión postparto. Si te sientes medio lloroso tú también, te cuento que ya se sabe que al veinticinco por ciento de los padres les da depresión postparto entre los tres y los seis meses después de haber nacido el bebé.

Debes estar pensando que esto de los planes suena muy complicado. No...complicada es la vida si no te preparas básicamente para recibir este ventarrón. ¡Ay, qué negativa! No lo tomes así. La paternidad y la maternidad son bellas experiencias de todas maneras, pero digamos las cosas como son. De todas maneras, estas pequeñas amanecidas son nada comparadas con el compromiso vitalicio.

Si la pareja no ha aprendido a trabajar en equipo, se verá en problemas cuando llegue el bebé. La crianza de los niños agota la paciencia y le causan a la relación matrimonial unas presiones que la ponen en peligro si no está sólida. Con un poco de planificación previa y con el entendimiento de que la vida cambia radicalmente con la llegada del bebé, las cosas son más manejables. No te asustes si todavía no eres padre, pero te confieso algo de familia. Mi yerno, agotado una vez por los berrinches de mi amada nieta, me dijo: "Me pregunto cuándo mi vida volverá a ser como antes". Yo lo miré casi con pena, pero con mucha honestidad le respondí: "Nunca. Nunca. Tu vida anterior terminó cuando ella nació". Menos mal que él entendió que ésa era una etapa muy difícil, pero al fin y al cabo, sólo eso: una etapa. Los matrimonios deberían dividir su vida en común como la divide la historia. En vez de a.C. y d.C. (antes de Cristo y después de Cristo), AH y DH (antes del hijo y después del hijo).

Lo mejor que el esposo puede hacer es no asumir de

antemano que está menos calificado que su esposa para criar a sus hijos. Cuando los niños son recién nacidos, los hombres tienen miedo de hacer algo equivocado, y muchas mujeres alimentan esos temores al asumir el control total de la crianza. En lugar de dividir tareas, se entregan totalmente al cuido del bebé, enajenando al papá de la situación y dejándolo sin tarea. Entonces no aprenden a atender a su hijo. Si a eso añadimos que llegan abuelas, tías y amigas y se apropien de la situación con la mejor intención de ayudar, papá está cada vez más lejos de ser padre. Además, tal vez lo hacen sentir casi bruto; de hecho, también a la nueva madre.

Dios creó a la pareja desde el principio porque son necesarios los dos. Si uno falta en algún momento, no siempre por muerte, el padre debe estar en capacidad y tan equipado para manejar los hijos como la madre.

El conseguir que el padre participe desde el principio y en igualdad de responsabilidades conlleva tolerancia ante los errores que puede cometer. Él crecerá en su desempeño. Madres, permitan que sus maridos cometan errores, siempre y cuando no se ponga en riesgo la seguridad del bebé. Los padres necesitan amor, apoyo y paciencia. Se ponen nerviosos porque combaten años de socialización que les dice que no saben ni cargar a un bebé. Hay que permitirles que sean torpes y sostengan al bebé de forma incorrecta par de veces. Tienen que poner un pañal, o dos, o tres, de forma incorrecta. Pronto se convierten en expertos y entonces quieren indicar a todo el mundo cómo se deben hacer las cosas.

¿Cuán importante es el trabajo en equipo en esos meses tan estresantes? Crítico. Mamá, te voy a dar par de ideas para el plan de distribución de tareas:

1. Aprovecha cada visitante (de confianza) para que lave platos, cocine, eche ropa a lavar, lave y esterilice botellas, y limpie por lo menos las áreas donde está el bebé. Tu esposo y tú atienden al bebé. Nadie tiene que visitar para ser atendido y darles más trabajo del que tienen.

2. Túrnate con tu esposo las horas de sueño. Aunque cuando el bebé grita, nadie duerme, traten de no agotarse los dos a la vez.

3. Túrnense el baño del bebé, la alimentación (si no estás lactando) y los cambios de pañal.

   Todo esto da a papá la oportunidad de aprender a cuidar a su hijo, y a hablarle, ayudando a que su hijo lo reconozca. Los bebés nacen con el olfato totalmente desarrollado. Aprenden primero a identificar a las personas que más cerca tienen. Estas intervenciones ayudan a crear un lazo entre el bebé y su padre.

Muchas empresas conceden a los hombres licencia por paternidad. Además, el nuevo padre puede planificar tomar su tiempo de vacaciones para la fecha del parto. De todas maneras, trabajar sin dormir es muy difícil.

Luego del primer par de meses, papi es capaz de interpretar los gestos y señales del bebé. Sabe si tiene hambre o necesita que se le cambie el pañal. Con la práctica, habrá aprendido a calmar al bebé y ponerlo a dormir. Es importante que el padre experimente estos momentos juntos. Al estar conectado con el niño al principio de su vida, se le hará más fácil mantener el lazo en años posteriores.

No podemos evitar que estos primeros meses acumulen

estrés en ambos esposos. El romance matrimonial se afecta. Los hombres necesitan sentirse importantes y las mujeres, que empiezan a sentirse feas, necesitan escuchar que son amadas. Mientras más se anticipen formas de manejar estas situaciones, la etapa pasará sin hacer daños a la relación que ese hijo necesita: el matrimonio de papi y mami.

Pasó la prueba de fuego

Después de esta etapa, ya papá conoce al pediatra personalmente, acompaña a mamá a las citas y hasta lleva al niño cuando mami no puede. También lo conocen en el lugar de cuido si el niño va a cuido. Los padres comprometidos con su rol deben ser rostros familiares para todos los que se relacionan con la vida de su hijo. Es parte de ser un protector y estar al tanto de las actividades e itinerarios de los niños, particularmente cuando comienzan la escuela. Por favor, no pienses que describo a un padre que no tiene nada qué hacer. Hablo de una conducta posible en un padre comprometido.

Es en la escuela donde tu hijo comienza a tener interacciones independientes, así que papi se asegura de asistir a las reuniones de los maestros, que generalmente son de noche. Ayuda a construir los modelos del Sistema Solar y las obras maestras pintadas a mano para su niña. Los maestros saben que pueden contar con él para estar allí, y apoyar los esfuerzos en instruir al niño. Y cuando la escuela no va tan bien, también está presente respaldando sin menospreciar. Tiene el arte de reprender sin despreciar.

Aprende a escuchar

Al paso que su hijo o hija atraviesa las distintas etapas de la niñez, el padre brinda apoyo, protegiendo así sus sentimientos y necesidades. Papi, aprende a escuchar cuando tu hijo tiene algo qué decir. Aprende a no reaccionar, ni a reaccionar sin tener todos los criterios de juicio. Respira hondo. Deja que termine, respira, piensa y entonces hablas. Los niños no siempre pueden articular lo que sienten, así que tienes que escuchar cuidadosamente y descifrar lo que anda mal. Tu mayor responsabilidad es estar accesible.

Cuando dejas de escuchar para comenzar a dar consejos, asegúrate de hacerlo desde el nivel de comprensión de tu hijo. Tienes que estar seguro de que entiende las razones por las cuales le dices lo que le dices. Crear esa relación de comprensión es importante porque, aunque ser padre no es ser amigo, tampoco estás buscando una relación dictatorial. Tienes que saber cuándo decir que sí y cuándo decir que no, pero deja abiertos los canales de comunicación para que te enteres de todo.

Aprender a distinguir entre el "sí" y el "no", toma tiempo y paciencia. Mientras más experiencia gane el padre en la crianza de sus hijos, más aprenderá a guiarles. El proceso toma tiempo, paciencia y sabiduría porque la frustración es tan integral a la crianza de los hijos como la felicidad y el gozo. La paciencia es esencial para sobrevivir a niños corriendo por toda la casa. Ya que los padres son vistos como figuras autoritarias, es esencial que controlen la ira y sean ejemplos de lo que es ser paciente, generoso y respetuoso con la gente que les rodea. Los niños aprenden a comportarse mediante los ejemplos que ven. Si el padre es firme, pero comprensivo, hay buena posibilidad de que su hijo o hija sea igual con sus hijos.

Cuando un padre pierde la tabla o comete cualquier otro error, es responsable de frenarse para no hacer daño, y pedirles disculpas a sus hijos. Los niños hacen lo que sus padres les digan que hagan, pero esto no significa que no tengan derechos. Un buen padre trata a sus hijos con respeto y parte de esto es pedir disculpas por hacer lo incorrecto. Esto requiere valor y no es fácil admitir que estás equivocado, especialmente cuando eres una figura de autoridad. No obstante, es tu forma de enseñarles a pedir disculpas por sus errores y a perdonar. Algo que daña muchas relaciones es la incapacidad de pedir perdón y de perdonar. En la vida de tu hijo, tú eres el primer maestro y el más poderoso.

En la medida que el padre crece como padre, mejora su habilidad de pensar antes de actuar. Es fácil estallar o perder la paciencia cuando el niño rompe algo o responde. Enojarse es lo fácil. ¿Ahora, qué hace papi con su ira? Si ha aceptado sus responsabilidades para con su familia, se calma y medita, tanto en la situación como en la solución correcta.

El modelar este tipo de conducta mesurada es particularmente importante para los niños porque necesitan saber que es de humanos cometer errores, y que aprender lentamente no es nada de lo cual avergonzarse.

Ser padre es un malabarismo entre todos estos factores. El apoyo y la presencia hacen de papá una parte integral en las vidas de los hijos. Papi, nunca vas a dejar de ser padre de tus hijos. Entre ellos y tú hay una relación divina, sanguínea y legal permanente. Estarás ahí para ellos aún después que se hayan ido de la casa y tengan hijos propios. Para entonces, te sentirás como un veterano en la crianza de los hijos, y eso es parte del gozo de ser un padre.

La crianza de los niños es un trabajo a tiempo completo.

Tú no crías un niño al azar. Haces un plan a corto y a largo plazo. Sin embargo, tienes la flexibilidad para lidiar con eventos imprevistos. Son más comunes de lo que imaginas, a cualquier edad. Tus procesos mentales y anticipatorios tienen que correr más allá de los pensamientos de tus hijos. En otras palabras, se supone que sepas y hasta que adivines. Confía en Dios. Cuando tu hijo no está contigo, Dios se va con él y el Espíritu Santo te lo cuenta todo.

Capítulo 6

LA DISCIPLINA FÍSICA

"Padres, no exasperen a sus hijos, no sea que se desanimen".
COLOSENSES 3:21 (NVI)

EL CASTIGO CORPORAL usualmente se relaciona con la figura del padre, aunque la madre también pegue. Muchas relaciones entre padres e hijos se destruyen por ese recurso inexcusable. La única presencia de muchos papás en el hogar es para ejercer el castigo físico. Por eso trato aparte este tema.

Por siglos, tanto la religión estructurada, grupos culturales, y la sociedad en pleno, han patrocinado y asentido al castigo corporal como medio para disciplinar a los niños. Todavía escucho a personas de alto nivel educativo y a pastores instando a los papás (en particular) a seguir este método disciplinario. Muchas veces se jactan de practicarlo, certeros en su convicción de que hacen lo correcto y de que no están violando la ley ni cometiendo abuso infantil. Por supuesto, éstas son las mismas personas que crían a sus hijos de maneras que constituyen abuso emocional y sicológico, lo cual jamás admitirían. Tienen muchos problemas entendiendo las leyes que abarcan el abuso infantil y lamentablemente, aún tienen la bendición y sanción de personas a quienes no les importa en lo absoluto que maltraten a los niños, a menos que la desgracia toque a su propia familia.

A continuación, enumero algunas justificaciones de esta conducta irracional, y mis comentarios.

1. "A mí me criaron así y mira la persona que soy" o "Yo le agradezco a mis padres lo que me hicieron". La gratitud no se la creo para nada. Usualmente, en alguna que otra forma se les sale la hostilidad interior que tienen contra esa figura que les ocasionó tanto dolor y humillación. Además de ira, todavía les aman con terror, como si de adultos les fueran a dar la misma golpiza. Se desquitan con la esposa y los hijos la hostilidad, con golpes o sin ellos. A veces se creen su propio cuento, a veces saben que no es verdad. Tienen rebeldía interior y ésos son los que de momento cambian su manera de actuar y ni ellos mismos entienden por qué.

   Ni piense que sus hijos resultan perfectos porque ellos les peguen. Algunos se someten por miedo, otros son rebeldes y tienen problemas de conducta por mucho que les peguen, y otros cuando son adultos, hacen su vida y desaparecen. Todos cargan los mismos problemas sicológicos que el padre, aunque no lo sepan o no lo admitan.

2. "Mejor le pego yo que el policía". Con esa "pela" hace rato que le abriste la puerta a la criminalidad y al policía. Le repito: esa actitud cría cobardes, rebeldes y hombres y mujeres que aprenden que la violencia es una alternativa para resolver problemas.

3. "Cuando te pego, me duele más que a ti" o "Te pego porque te quiero". ¿Tienes una idea del terrible mensaje dual que siembras en tus hijos con esas palabras? Cuando le dices eso a una hija, le estás diciendo que el amor contiene violencia y que, quien la ame, le tiene que pegar si la ama. Ésa es la mujer que busca inconscientemente a un abusador como pareja, y entra en un círculo de violencia doméstica porque cree que si le pega, la ama. Es infeliz toda su vida, no tiene estima propia, y su seguridad física peligra. Sus hijos corren el mismo destino.

   Si le dice eso mismo al hijo varón, le crea una confusión terrible entre amor y agresión. De ahí sale un hombre con distorsiones de personalidad, incapaz de relacionarse de una manera funcional.

4. "Esto es lo único que funciona". Yo pregunto: "¿Se ha tomado la molestia de intentar otras alternativas? ¿O es más fácil tener excusas para descargar la rabia contra un inocente que no se puede defender o no se atreve?

5. "La criminalidad está como está porque no le dieron una pela a tiempo". La criminalidad está como está porque el padre estaba ausente, porque el joven se cansó de las pelas y se fue a la calle a desquitarse o a buscar una figura paterna, o porque no recibió un ejemplo digno en su hogar.

6. "La Biblia dice que yo tengo que tener la vara lista para disciplinar". Dios nos envió a su Hijo en un acto de amor, para perdonarnos

y redimirnos. Después de esa demostración perfecta de amor, yo no puedo creer que le diga a los padres que se busquen una vara para pegar a los hijos con la locura y el odio que yo he visto. Luego de escudriñar la vara en las Escrituras, observé unos detalles. La vara era el instrumento de los pastores para dirigir a sus ovejas y asegurarse de que se mantuvieran en el mismo camino, todas juntas. Se consideraba la extensión de su brazo derecho. Dios puso la vara en manos de Moisés para que diera testimonio a Faraón y al pueblo de Israel, y como símbolo de autoridad y protección. Recuerdo que cuando Moisés golpeó la piedra con la vara, a Dios no le gustó eso para nada. Yo pienso que cada padre es como una vara: una autoridad que tiene que guiar, proteger, y mantenerse moral y espiritualmente recto, precisamente como una vara.

7. "Lo que yo hago no es abuso; es sólo disciplina. Yo tengo mucho cuidado. Abusar es caer encima y estar un rato en eso. Yo miro bien que no le deje marcas ni le haga daño". Yo no sé si llamar esto ignorancia o negación. En primer lugar, revisa las leyes contra el abuso de menores y lee bien si lo que haces es abuso o no. Segundo, la ira es muy traicionera y se desboca. Hay padres que han empezado tranquilos su "disciplina" y han acabado matando. Tercero, hace rato que le dejó marcas y le hizo daño. Le dejó las marcas de la decepción de sentirse humillado, irrespetado y no querido por la persona más

significativa en su vida; ése que se supone que le sirva de ejemplo. Le dejó las marcas del miedo y de la confusión entre amor y odio. Le dejó las marcas de la inseguridad y de la sensación de falta de protección. Le dejó la gran pregunta: ¿Por qué Dios permite esto si dicen que Dios es amor?

La mayoría de los padres (las madres abusan también, pero este libro está dedicado a la paternidad) creen que tienen poder infinito (poder, no autoridad) sobre sus hijos, y hasta derecho a causarles daño físico. Son los mismos que tienen conductas totalmente incongruentes ante los demás. Verás que estos mismos hombres...

- Condenan el abuso infantil.

- Dicen que puedes pegarle a los niños sin abusar de ellos, a la vez que abusan emocionalmente de sus hijos mediante la amenaza de pegarles y la remoción de expresiones de amor.

- Hablan de la importancia de ser un buen ejemplo (¿de qué, de comportamiento hostil, violencia y dobles estándares de conducta?)

- Se la pasan diciendo que 'matarían" al hombre que se atreviese a hacerle algún daño a su hija (pero ellos no se suicidarían).

- Presumen ser inteligentes y poseer conocimiento avanzado en todos los temas y se ríen de la ley.

- Culpan a los tiempos, costumbres y sicología moderna por la conducta de los niños y adolescentes de hoy.

- Gritan a los cuatro vientos que la ley lo que ha hecho es quitarles la autoridad a los padres (supongo que se refieren al poder mal utilizado.)

- Alardean de ser los padres más comprensivos y amorosos del mundo, pero su poder no es negociable. No escuchan a nadie en su casa.

Observa a los hijos de padres como éstos. Son reprimidos, serios, tímidos y asustados, o agresivos y violentos. Si no muestran estas tendencias ahora, espera a que crezcan. Por amor a esos padres que quieren aprender y disciplinar efectivamente, compartamos ciertas realidades.

1. Ni la sicología ni los tiempos modernos tienen la culpa de la ineptitud de los padres respecto a la disciplina de sus hijos. No he leído un texto de psicología, ni he tomado curso alguno que me haya enseñado que hay que permitir a los niños hacer lo que se les antoje. Desde que se popularizó la sicología, sólo ha intentado enseñarle a los padres a disciplinar de la manera más constructiva para la salud mental del niño y su desarrollo como ser humano. Los niños necesitan estructura, rutina y disciplina, pero sin violencia.

2. Toda fuerza excesiva contra un inocente constituye abuso. No hay forma de negociar esto.

3. Los que resuelven sus situaciones con violencia
   están inseguros con respecto a su autoridad.
   Cuando eres un buen modelo y buen ejemplo,
   te ganas la autoridad necesaria para reprenderlos.
   Te respetarán al ver que eres lo que dices ser, ya
   que el ejemplo habla más que las palabras. Tan
   sólo pensar en decepcionarte les va a convencer
   de no desobedecerte o hacer algo incorrecto.
   Con una sola mirada tuya bastará para saber lo
   que hicieron mal y arrepentirse.

La sociedad está repleta de padres que viven
del tema: "Haz lo que te digo, y no lo que hago".
Eso no funciona. Asume la responsabilidad de
ser un buen ejemplo.

¿Qué es la disciplina? La mayoría de la gente
relaciona la "disciplina" con el castigo. El origen
de la palabra "disciplina" es "discipular", o hacer
discípulos. Al disciplinar a tu hijo, realmente
deberías estar instruyéndolo. Él o ella es tu discí-
pulo. ¿Acaso no esperas que los maestros de tus
hijos den un buen ejemplo? Ellos esperan de ti lo
mismo y más.

Sí, ser padre requiere mucha paciencia y sabiduría. Nadie te dijo que sería fácil. De hecho,
es más fácil pegar, reaccionar sin pensar y con
violencia. Es más difícil esperar a que baje la ira
momentánea, respirar hondo, pedir dirección al
Espíritu Santo, y pensar fríamente en cómo disciplinar. Esa medida disciplinaria debe tener el
objetivo de enseñar al hijo qué fue lo que hizo
mal y lo que esa conducta provocó. Entonces

aplica la medida en proporción y relación con
la falta. Por nada es necesario golpear ni pegar.
Una vez que establezcas la medida, sostenla.

Recuerda siempre que cada falta de tu hijo es
una oportunidad de establecerle límites y valores,
y no para castigar como un desquiciado. Tu
encomienda divina, legal y social, es formar un
individuo pensante, que sepa distinguir entre el
bien y el mal, escoja una vida recta y entienda
por qué ésa es la vida que le conviene.

Capítulo 7

PAPÁ, ¿QUÉ HACES?
¿QUÉ NO HACES?

"Un buen padre vale más que cien maestros".

JEAN JACQUES ROUSSEAU

No EXISTE UNA fórmula secreta para ser un buen padre. Ser padre es tan individual como diferente es cada ser humano. A su vez, cada hijo es diferente; tiene dones y retos únicos.

Hay, sin embargo, cosas esenciales que todo padre debe hacer y otras que debe evitar en la crianza de sus hijos. Nunca olvides que éste es un proceso de aprendizaje. No estarás listo para criar a tus hijos el día que lleguen del hospital; es un proceso arduo. Cometerás errores y vivirás momentos tensos cuando dudarás de tu aptitud para ser padre. Con perseverancia y entrega, serás un gran padre. Pon atención a estas recomendaciones, y estarás ganando terreno.

Ora por tus hijos todos los días. Encomiéndalos a Dios cuando son bebés, igual que a medida que crecen. Bendícelos en voz alta. Es muy poderoso y es una costumbre que hemos perdido. Háblales de Dios, enséñales a orar. Cuéntales todo lo que Dios hace en tu vida. Instruye a tu hijo en su camino y cuando sea adulto no se apartará de él. Eso no falla, como toda Palabra de Dios.

Lee libros y revistas o haz consultas en la Internet sobre la crianza de los niños, particularmente respecto al cuidado de los recién nacidos. Coteja que la información venga de fuentes autorizadas.

Observa a tu niño desde su nacimiento. Si conoces sus reacciones a cada situación, comida, o bebida, él mismo te irá indicando lo que tienes que hacer en diversas situaciones. Hazle al pediatra todo tipo de pregunta, pero mantén presente que él ve a tu bebé una vez al mes o cada tres meses. Tú vives con tu hijo veinticuatro horas al día, siete días a la semana, de manera que tú lo conoces mejor y eres el punto de referencia.

Dios nos hizo únicos a todos. Mira a tu hijo como el individuo irrepetible que Dios creó. Su desarrollo es a su ritmo, a su manera, y no tiene que parecerse ni a otro hijo tuyo ni a los hijos de tus amigos ni de otros miembros de tu familia. Si te preocupa algo en su desarrollo, en vez de hacer una encuesta pública, consulta a su médico, busca información, y si todo está bien, ten paciencia. Si médicamente tienes alguna situación, acude a los recursos profesionales adecuados.

Te van a llover los consejos. Trata de que no te abrumen. Usa la sugerencia que te dé resultado y desecha las demás. No te frustres. Algunos remedios funcionan con unos niños y con otros no.

Olvida el antiguo concepto de que los infantes se "engríen" si se les carga "demasiado". Hace rato que se probó que, ni existe el "engreimiento" ni el "demasiado", respecto a hacer sentir al bebé la seguridad de los brazos de papi y mami. El único amor que los bebés entienden es la expresión física. Lo necesitan fisiológica y emocionalmente para enfrentarse al mundo, desde que sufren el "trauma de nacimiento", que es la separación física de la madre. Vas a notar que, si lo cargas cuantas veces él lo necesite, llegará el momento en que él mismo te indicará que ya no quiere que lo cargues tanto. Si no le das ese amor en su etapa primaria, su etapa de querer que lo carguen, se prolongará. Aprende a desarrollar la intuición de cuándo quiere que lo cambien, que lo alimenten, si se siente enfermo o si sólo necesita sentirte. Los bebés lloran por diferentes razones.

Date a conocer en la escuela y en la guardería. Muestra interés al personal docente y auxiliar. Comparte con otros padres y esmérate por conocer las amistades y conocidos de tus hijos desde muy temprano en la niñez. De hecho, siempre que tus horas laborables te lo permitan, asiste a las fiestas especiales de la escuela.

Cumple a tus hijos las promesas que les hagas. En esa misma línea, no les prometas lo que no sabes si vas a poder cumplir. Parece mucha presión, ¿verdad? Al contrario. Es muy liberador ser honesto cuando un hijo pide algo. Si no sabes si podrás cumplir, es mejor decir: "Voy a hacer todo lo posible, pero no sé si puedo hacerlo". Si sabes que puedes cumplir, promete y no olvides cumplir. Eso internaliza en tu hijo un fuerte sentido de confianza y seguridad en ti. De paso, tu hijo aprenderá a no mentir y a cumplir su palabra. A nuestra sociedad le hace falta honor. Colabora.

Nunca regañes a tu hijo con un insulto personal. El insulto personal ("bruto", "estúpido", "retardado", "vago") ofende, humilla, programa lo negativo, y no resuelve la falta. Destruye la autoestima del hijo, igual que los sobrenombres negativos. ¿Eres perfecto, nunca cometes errores? Tu hijo tampoco es perfecto y es menor que tú. Se supone que él cometa más errores que tú por su ignorancia y tu trabajo es enseñarle. Cuando vayas a reprenderle, enfoca el regaño en la conducta, no en su persona. Llama la atención sobre lo que tu hijo hizo equivocadamente, no sobre su persona. Las personas buenas e inteligentes cometen millones de errores. De vez en cuando cometemos una "estupidez", pero eso no nos hace "estúpidos".

Aprende a reconocer todo lo bueno que tu hijo hace. La verdad sea dicha, los hijos hacen muchas cosas para ganarse el reconocimiento de los padres. Por ejemplo, si están en la escuela elemental, muchos no piensan en la importancia de sus buenas notas a largo plazo. Piensan, realmente, en ser celebrados por sus padres. Por favor, cuando tu hijo llegue con buenas notas, no lo mires con indiferencia. No le digas: "Esto es lo que se supone que tú hagas", ni "Esto lo haces para ti". Todo eso es cierto, pero recuerda los miles de hijos que no hacen lo que se supone que hagan. Celebra los logros de tu hijo y da gracias a Dios por tener un hijo que hace lo que se supone que haga.

Conoce bien las habilidades de tu hijo. Y no le impongas exigencias irrazonables. La gente y los padres tienen una obsesión por ciertos estándares de inteligencia y aptitud. Pretenden aplicarlos a todo el mundo sin discriminar. Es injusto y totalmente fuera de la realidad. La diversidad es de Dios porque Él tiene un propósito específico para cada uno de nosotros. Todos tenemos destrezas fabulosas y limitaciones terribles. Yo no sé qué hacer con una aguja en la mano, pero mi hermana borda, teje, cose, y ninguna de las dos es menos inteligente que la otra. Ella tiene unos dones y yo tengo otros. Todos los hijos son así. Unos tienen la habilidad de reparar todo lo que encuentran en la casa. Otros tienen habilidad administrativa, pero no saben ni poner un clavo en la pared.

Dime algo: ¿Todo lo que haces, lo haces perfectamente bien? Tu hijo tampoco. En vez de criticarlo, obsérvalo desde pequeño y ayúdalo a encontrar cuáles son sus destrezas y de qué tipo: si son técnicas o abstractas. Estimúlalo a seguir su propio camino de autorealización y éxito. Mientras tanto, no te molestes si no es como tú, si no le gusta lo que a ti te gusta, y si no puedes lograr en él una copia de tu persona. Ayúdalo a decidir, pero no decidas por él. No crees un incompetente o un desgraciado para toda la vida. Dios lo hizo único. Dios tiene su plan. Cree en Dios y confía en tu hijo. Recuerda que tu hijo es instruido por Jehová y se multiplica la paz de tu hijo.

Protege a tu hijo. Tú tienes esa obligación y ese llamado. Nuestro mundo es difícil y despiadado. La compasión y el buen trato no son la orden del día. Tienes que estar atento a todo lo que le puede hacer daño y si tienes que intervenir, hazlo. A la gente le encanta lavarse las manos y decir que "los muchachos se arreglan entre sí". A veces es cierto. En nuestra sociedad, donde hay tanto niño y tanto joven desquiciado, tú tienes que estar pendiente y discernir cuándo tu hijo necesita tu protección.

Las hijas, ya cerca de la adolescencia, quieren "arreglárselas solas" con el novio, cuando tienen un argumento. A todos los niveles sociales hay desquiciados, drogadictos e inadaptados. Otra vez, papá tienes que estar pendiente. Observa, averigua aunque tus hijos se molesten, y ponte en acción si es necesario. ¿Cómo podrías continuar viviendo si el novio de tu hija gritara en medio de la calle "Te voy a matar", y tú por dejarla "resolver sola" la encontraras muerta?

Son muchas las situaciones que requieren protección. No permitas que nadie le ponga "etiquetas" a tu hijo, ni por razones de conductas ni médicas. Si no puedes evitar una etiqueta médica, no la confieses tú. Lee este ejemplo que no me sorprendió conocer. Hace más de veinte años se puso de moda el "ADD (*Attention Deficit Disorder* o Desorden de Déficit de Atención)" en los niños. Se diagnosticó a diestra y siniestra, junto con el "ADHD" (*Attention Deficit Hyperactive Disorder* `Desorden de Déficit de Atención Hiperactivo*). Cada muchacho que se movía un poco más de lo común, o la maestra o los padres no sabían cómo manejarlo, recibía el sello de ADD o ADHD. Los padres no tenían idea de cuáles profesionales médicos eran los correctos para tratar esto y, por supuesto, apareció una compañía farmacéutica con una pastilla perfecta para la paz de todos.

Muchos profesionales de la conducta alzaron su voz, alegando que muchos niños estaban siendo mal diagnosticados. En aquel momento, no les hicieron caso. Recientemente, después de veinte años, declararon que es cierto que existe ADD y ADHD y es necesario tratarlos, pero millones de niños han sido incorrectamente diagnosticados. Sin muchos detalles, algunos resultaron sólo tener falta de disciplina en el hogar, otros tenían problemas neurológicos, otros fueron mal evaluados en sus escuelas, y por ahí salieron otras muchas variables, nada que ver con ADD y ADHD. Yo pienso que, en mayor o menor grado, todos tenemos un poquito de ADD, es decir, tenemos deficiencias de atención. En un mundo donde se ha creado tanta distracción, es muy difícil enfocarse. Sin embargo, tenemos que cuidar a nuestros hijos de que les adjudiquen etiquetas, sean reales o no. Eso hace mucho daño a su estima propia y al desarrollo social.

No juegues al villano ni permitas que te asignen el papel.
Casado o separado, nunca permitas que te asignen el papel de villano frente a tus hijos. No juegues a dejarte llenar el ego con las ínfulas de poder como el hombre de la casa, y ser el representante oficial del regaño y el castigo. Esto no significa que te conviertas en el padre permisivo sin límites. Significa que, si tú ves una falta, tú la reprendes en ese momento. Si la madre de

tu hijo la ve y tú no estás, ella debe reprenderla en el momento que ocurre y contártelo después. No tiene por qué esperar a que tú llegues para parecer la buena.

No asumas que basta con proveer dinero. El dinero es importante. Todo el que haya tenido que pagar una cuenta lo sabe. Pero el dinero no sustituye la participación en la crianza de tus hijos. Algunos creen que si proveen una buena casa y un buen carro, la esposa entonces deberá hacer el resto. Después de todo, la mujer es completamente capaz de criar a un niño sola, ¿no? Es posible, pero no es la mejor opción. Los padres tienen que estar ahí.

Cuando no asumes tu rol, tus hijos comenzarán a percibirte como un padre ausente y no te tendrán en cuenta. Serás el último en saber lo que pasa en tu hogar. Te ven como a una máquina de cajero automático andante, que despacha dinero en lugar de dar afecto y amor.

Un abrazo, una sonrisa, una palmada valen más que todo el oro en el mundo y no te cuestan. El reconocimiento es extremadamente poderoso y estos pequeños gestos se lo demostrarán a tus hijos. Piensa en tu vida y en la vida de los que te rodean. El hambre de aceptación y reconocimiento nunca se va. La gente busca esto durante toda su vida, especialmente durante la niñez.

El alto costo de vida obliga a muchos padres a trabajar empleos múltiples. Eso complica aún más sacar tiempo con los hijos. Si ése es tu caso, asegúrate de proveer los pequeños gestos que le necesitan. Enmarca una de sus pinturas hechas a mano y tráelas al trabajo para poner en tu escritorio o estación de trabajo. Llámales desde el trabajo, si puedes, para darles las buenas noches. Busca la manera de estar presente en sus vidas.

Tal vez tu concepto de ser un buen proveedor incluye

esforzarte para alcanzar una mejor vida financiera, una casa más grande, y asegurar la educación universitaria de tus hijos. Eso está muy bien, pero recuerda que el dinero y la riqueza son sólo los medios que contribuyen a compartir los placeres de la vida con tu familia. No pretendas reemplazar tu presencia con las finanzas.

No pienses que puedes ser un padre desde la distancia. Dicen que el noventa por ciento del éxito en la vida es estar en el lugar indicado al momento indicado. Este refrán tiene cierto grado de validez respecto a la crianza de los hijos. En años recientes, se ha levantado un movimiento que aboga por el "tiempo de calidad" con los hijos, como si pudieras decidir por adelantado que los próximos treinta minutos que pasarás con tu hijo lo conocerás más que durante cualquier otra media hora. No te engañes.

La vida ocurre a su propio paso y conforme a sus propios planes. No puedes decidir cuándo tus hijos aprenderán a caminar, o cuáles serán sus primeras palabras. No puedes predeterminar cuándo tus hijos te necesitarán, o lo que te irán a decir. Tienes el control de dónde están tus hijos mientras estén pequeños, pero ese control disminuye cuando buscan independizarse. Podrás reemplazar ese control con sabiduría, si primero desarrollaste una buena relación de confianza. Eso toma interacciones largas y efectivas; no cinco minutos aquí y diez allá.

El estar presente no sólo conlleva presencia física (como en el hogar), sino emocional: atención no dividida. Hay momentos de pagar cuentas y momentos de ver televisión, no para dividirlos con un hijo que te quiere hablar. Ellos necesitan tener la libertad para hablarte de cualquier tema porque tu dirección es más importante de lo que jamás podrías imaginar. En ti ven a un ejemplo. Eres el hombre al cual tu hijo tratará de imitar, y el modelo de esposo que tu hija buscará.

En algunas etapas de la vida, los hijos no parecen escuchar a uno. Pretenden saber más que tú, te critican y hasta se comportan de una manera antipática. Sin embargo, estudios nacionales del alcoholismo y de la adicción a drogas han mostrado, con consistencia, que las personas con mayor influencia en jóvenes de 13 a 19 años son sus padres. Lo más importante para estos jóvenes es la opinión y la aprobación de los padres, aunque muestren lo contrario.

La tecnología moderna ha facilitado las comunicaciones, pero no las ha mejorado. Es cierto que puedes transmitir un video en vivo vía la Internet, ¿pero será igual que jugar en el patio con tus hijos? Probablemente no. Este mensaje no es tan sólo para los padres divorciados. Muchos de ustedes viajan por negocios. En la medida que puedan, busquen un equilibrio entre el trabajo y el hogar.

Aprende de la madre de tus hijos. Las mujeres no nacen como buenas madres, aunque muchas mujeres tienen habilidad instintiva para criar a sus hijos. Ciertamente tienen una ventaja. Como dadoras de vida, tienen nueve meses para prepararse para la maternidad, tanto física como emocionalmente. Sin embargo, aprenden a ser madres mediante la experiencia indirecta. A veces se les da la responsabilidad de cuidar a los más chicos en fiestas, reuniones, y otros eventos familiares. A los varones no se les da esta responsabilidad. Ellos son los que juegan mientras las niñas están de niñeras. Así que, ¿quién creen que está mejor adiestrada para criar a niños?

El problema es que a las mujeres no se les enseña a transmitir su sabiduría a sus maridos. Muchas mujeres creen que los hombres están supuestos a ser torpes con los bebés y que cuando un bebé empieza a gritar, hay que quitárselo al padre. Los hombres apoyan esta mentalidad tradicional al darle los hijos de vuelta a las mujeres, cuando éstos no paran de llorar.

El aprender de una pareja es una gran manera de acercarse. Inevitablemente habrá momentos de frustración durante este proceso y eso es normal. La paternidad no es todo besitos de coco, pero si puedes trabajar con tu cónyuge para cuidar de tus hijos, aprenderás a transferir esa comunicación y trabajo en equipo a otras áreas de la vida. Se te hará más fácil lidiar con problemas financieros o familiares si puedes aprender a compartir responsabilidad y confiar el uno en el otro.

Sé ejemplo para tus hijos. Los padres piensan que si les dicen a sus hijos que no cometan los mismos errores que ellos cometieron, hicieron lo correcto. Entonces se asombran cuando sus hijos hacen lo mismo que ellos hicieron. Por favor, no te conviertas en uno de esos padres que cría a base de: "Haz lo que te digo y no lo que yo hago". Los niños aprenden su conducta a través del ejemplo, no de las palabras. No puedes contra cientos de años de estudios investigativos.

Tus hijos te observan muy de cerca. Te observan a diario. Por eso es que los hijos terminan caminando como sus padres y hablando como sus padres, esto aparte del factor genético. Si has conocido bien a alguien y a sus padres, verás que se han transferido hasta los más ínfimos gestos: la forma en que el padre se toca la barbilla cuando está pensando, o la manera en que la madre juega con el cabello cuando está enfrascada en una conversación.

Tienes los gestos de la gente que te crió y tienes que tomar una decisión de transferir los gestos buenos para tus hijos. Si tuviste malas costumbres previo a tener hijos, toma la decisión consciente de eliminarlas y contribuirás a que tus hijos no las adopten.

Aún en décadas pasadas, cuando el padre tenía dominio sobre su familia y era reverenciado como el jefe del hogar, no podía evitar implantar sus comportamientos en sus hijos. La imitación es esencial a cómo los animales aprenden a sobrevivir. Podemos ver eso en cualquier programa televisivo de naturaleza. La osa polar les enseña a sus cachorros a cazar y a defenderse. Los seres humanos son muy similares en algunas maneras, y muy diferentes en otras.

Los animales que dependen del instinto de manera exclusiva no cuentan con la intención. Hacen lo que tienen que hacer ese día. La gente tiene mayores opciones de raciocinio y albedrío. Podemos decidir lo que vamos a hacer en cualquier día y las conductas que vamos a adoptar. Pero estas decisiones se hacen más difíciles cuando somos criados por padres que exhiben conducta negativa.

Si no quieres que tus hijos fumen, no fumes. Si no quieres que maldigan, no maldigas. Todo lo que tú no quieres que ellos hagan, no lo hagas tú. No te sirve para nada prohibirles hacer lo que tú haces; tu ejemplo grita más fuerte y es más poderoso que tus palabras. No tienes que ser perfecto, pero intenta ser la persona que quieres que tus hijos sean. Aprenderán de tu ejemplo y te sorprenderás positivamente por su disposición de adoptar tus comportamientos positivos.

Sé un padre y no un amigo. Padres de todas las edades hablan mucho de querer ser o de que son amigos de sus hijos. Se ha vendido la idea de que hay que ser amigo de los hijos. Eso puede ser muy peligroso si no se define bien. Tú eres y serás padre de tu hijo; no amigo. Amigos son los amigos. Si tu paternidad se pierde en el rol de amigo, tu hijo pierde el concepto de autoridad, respaldo y protección paternal que tú representas en su vida. Amigos tiene muchos; padre en la tierra tiene uno: tú.

El buen padre hace funciones de confidente, compañero, amigo, asesor, como si alternara roles según la necesidad de su hijo. Pero lo que lo hace especial y único para un hijo es que es su padre, quien le imparte sabiduría y lo guía a base de sus mejores intereses.

Muchos padres (especialmente los padres solteros) tienden a ver a sus hijos como amigos. Estos niños son las únicas personas en sus vidas, los únicos con quienes comparten un lazo profundo, y por supuesto, quieren agradarles. Como consecuencia, muchos padres consienten a sus hijos en su afán de ser "amigos", y terminan con hijos faltos de disciplina que actúan como resentidos cuando deberían estar agradecidos.

La relación paternal es única e irremplazable.

Si piensas que la paternidad es una carga muy complicada y te sientes abrumado solamente con estas recomendaciones, piensa en que por eso eres tan importante en la crianza de tus hijos. Cuando tú no estás, o estando no estás, la madre de tus hijos tiene que hacer todo lo que su rol le exige, multiplicado, y aunque puede lograrlo, es un proceso difícil. La tarea entre dos de acuerdo se hace mucho más liviana y el peso se distribuye mejor. El acuerdo es el arma más poderosa.

Para que te sientas mejor, te recuerdo que la relación padre-hijo dura para siempre. Si tu hijo crece y tiene que irse al otro lado del mundo, aún sigue siendo tu hijo. Si te comportaste como un padre, la distancia nunca destruirá la relación.

Capítulo 8

¿DÓNDE QUEDA MAMÁ?

L AS MUJERES ESTAMOS acostumbradas a ser el centro de atención en los libros y revistas. Nos lo merecemos, pero no creas que nos dedican las revistas para ayudarnos. Los expertos en publicaciones se dirigen a las mujeres porque...

...las fotos de mujeres en las cubiertas venden más revistas que cualquier otra foto (recientemente les siguen en ventas las fotos de bebés).

...las mujeres integran el sector poblacional que más gasta en revistas y libros (y dicho sea de paso, en cosméticos y ropa), y, entre ellas, las hispanas son las que más gastan.

...según estudios, las mujeres tienen el mayor poder de decisiones de compras en los hogares (aunque nos tome a veces una semana convencer al marido).

Explico todo esto para aclarar que, aunque nosotras nos merecemos la atención, tenemos que educar al hombre para que deje de ser un padre ausente. Hasta ahora, a él no lo educan como debieran. Tenemos que transformar a los hombres jóvenes y menos jóvenes, padres nuevos o existentes, en padres que sean socios efectivos en la crianza. Este libro es para eso y es lo que hemos hecho hasta ahora.

Ofrezco aquí unas recomendaciones adicionales para las esposas de esos hombres.

El poder de la oración

Siempre ora ante todo, no solamente por tu esposo. Aprende a orar a diario por ti, por tu hogar, tu esposo, tus hijos. Ora por sabiduría, por tu relación matrimonial. Declara la Palabra y siempre mantén tu espíritu presto a escuchar lo que tiene que decirte el Espíritu Santo. Dios formó a la mujer y a través de ella, encarnó. Tu autoridad espiritual es bien importante.

Entre nuestras muchas habilidades, adivinamos los hijos, los leemos, los presentimos y tenemos el espíritu agudizado y presto a escuchar los avisos y consejos del Espíritu Santo. Nos levantamos de noche antes de que el bebé llore y, con acercarnos, ya sabemos si un hijo está enfermo. Cuando está lejos, nos amanecemos sin saberlo u orando por él y después nos enteramos de que le pasaba algo.

Somos insistentes, insoportables, no los queremos "dejar ir", queremos ayudar a Dios en todo con respecto a ellos, les advertimos por todo, de vez en cuando los "ahogamos", y nos jactamos de prever más allá de todo (y es verdad). A menudo nos llaman sobre protectoras e histéricas, y muchas madres, por aceptación social, niegan toda su conducta. Yo nunca he negado eso. Soy todo eso y más, con orgullo. La diferencia está en que siempre he sabido clamar al Padre cuando yo sé que yo no tengo el control.

¿Por qué ayudar a tu esposo a ser padre?

La situación ideal es criar a los hijos junto a su padre presente y efectivo. Si el padre está ausente, cuenta con Dios y con tu buen discernimiento. Si está presente, pero en la lista de los ausentes, por tu conveniencia, te corresponde ayudarlo a adiestrarse a ser padre. No te vayas por la línea de menor resistencia, diciendo: "Mejor lo hago yo todo", recargándote de trabajo y eximiendo al que contribuyó en la procreación de tu hijo. Tampoco asumas la actitud de sentir ira porque te toca a ti enseñarlo. Tienes razón, es injusto y sus padres debieron haber hecho su trabajo. Pero la realidad es que estás donde estás, necesitas que te ayude, y adiestrarlo es para tu beneficio y el de tus hijos. Después, si no te ayuda porque no sabe cómo no lo interesa, te va a dar más ira todo el trabajo que tienes sobre ti.

Dice el refrán que "dos cabezas piensan mejor que una", y dada la naturaleza agotadora de la crianza de los hijos, este refrán podría resultar ser cierto. No tienes que hacerlo "todo" para ser una madre modelo. Al mirar las portadas de las revistas, pensarías que todas las mujeres salen de sus casas luciendo las últimas modas. Entran a su carro de lujo y conducen hasta sus posiciones prestigiosas en el trabajo, y luego regresan a casa para preparar la cena, hacer con sus hijos las tareas de la escuela, y hacerle el amor a sus maridos.

¡Despierta! Las mujeres auténticas no son lo que ves perfilado en un artículo de revistas. Las mujeres auténticas no tienen una reserva infinita de energía y entusiasmo, y saben pedir ayuda. Estar capacitada y ser inteligente no significa rechazar ayuda o abandonar el modelo familiar tradicional.

Incluye a tu familia en la educación de tu marido, pero establece los límites desde el principio. Si el estilo de tu familia no es el más adecuado para tu relación matrimonial, déjalos fuera del adiestramiento.

Tus familiares pueden desempeñar un papel activo en adiestrar a tu esposo acerca de la paternidad. Sin embargo, no permitas intervenciones inapropiadas ni críticas denigrantes hacia sus esfuerzos paternales. Tu familia no puede ser abrumadora ni controladora en el adiestramiento de tu marido, y tienes que asegurarte de evitar que esto ocurra. Tu esposo siempre debe sentirse importante y necesario en este proceso. No se le debe hacer sentir como a un niño o como a un inepto. Sorprendentemente, su propia madre puede hacerle lo mismo. Tampoco lo permitas.

Permítele a tu marido crear su propia relación independiente con tus hijos. Como un ser humano único, tu marido tiene su propia forma de relacionarse con los demás, incluyendo sus hijos. Siempre y cuando puedan acordar de antemano los fundamentos de la crianza de sus hijos, permite que desarrolle sus métodos creativos. La relación padre-hijo y padre-hija tienen que ser independientes, aunque en armonía, de la relación madre e hija, madre e hijo y familia. Esto les da a los hijos la oportunidad de desarrollar sus lazos con su papá, y compartir gustos y destrezas. Se sabe que el padre (no la madre) es determinante en el desarrollo de ciertos hábitos, por ejemplo, hacer ejercicios y practicar deportes. Los hijos se ejercitan y se interesan en deportes si su padre lo hace. Si no, aunque su madre lo haga, ellos no adoptan ese hábito.

No entres en el síndrome de que "te dejaron fuera", ni te pongas celosa. De la misma manera que estableces un lazo único y especial con tus hijos, así lo hace papá. Cuando surja un poco de celos entre ustedes, trátalo con gracia y utilízalo para tu ventaja. Aprovecha para dedicarte tiempo, adelantar tus tareas, ir de compras, embellecerte, descansar, o hacer algo que te guste, cuando tus hijos quieran estar con papi.

Recuerda siempre que el padre de tus hijos es tu socio en esta empresa que es la familia. Asegúrense de tener reuniones de planificación donde discuten sus sueños, finanzas presentes y futuras, viajes familiares, días familiares, días de papá con los niños, días de mamá con los niños y eventos inesperados o previsibles. La buena vida familiar, a pesar de todas las cargas y presiones, conlleva planificación y equilibrio.

No acostumbres convertirte en el portavoz de tus hijos ante su padre. Esto interfiere con la comunicación paterno-filial. Desde cierta edad en adelante, tus hijos son capaces de comunicarse con claridad, con voz propia y en el tono correcto. Si tienen algo que decirle a papi, se lo deben decir ellos mismos. Claro, se presume que papi tiene la habilidad de escuchar sin alterarse antes de tiempo. Esto no significa que no tienes voz ni voto en lo que digan. Pero hay un momento en que discutes los asuntos de tus hijos con tu marido, llegan a un consenso y notifican las decisiones.

Borra de tu vocabulario la frase "espera a que papi llegue a casa" cuando tus hijos se portan mal. Éste es uno de los peores daños que puedes hacerle a tu familia. ¿Por qué?

1. Le muestras a tus hijos que careces de la autoridad para corregir la mala conducta. Si no tienes autoridad, ¿por qué habrían de respetarte?

2. Violentas uno de los principios esenciales para que aprendan a establecer la relación entre la conducta y la consecuencia. Cuando ocurre el mal comportamiento, tienes que aplicar las consecuencias inmediatamente, para que el niño pueda establecer la relación entre la acción y la consecuencia. Si la medida disciplinaria demora, su mente no puede establecer esa relación, y la medida pierde efectividad.

3. Le añades temor y ansiedad a la relación paternofilial. Esto puede perjudicar esa relación de forma permanente.

De paso, basta con tomar una sola medida disciplinaria. Cuando tu marido llegue a casa, le cuentas, en privado, lo que ocurrió y lo que hiciste.

Trabaja tu relación de pareja. El bienestar de la relación de pareja es asunto de ambos. Las relaciones íntimas en el matrimonio es un área de queja que muchos tratan, y se dilucida, no siempre de manera adecuada, en la radio y la televisión. Es increíble escuchar de parejas que no hacen el amor durante semanas o meses, o una vez cada par de semanas. ¿Yo me pregunto: son esposos o "roommates"? Sus hijos representan la mejor excusa, así que los hijos llevan sobre sí una carga irracional.

Por supuesto, es difícil hacer el amor cuando los hijos son recién nacidos. Sin embargo, las parejas olvidan que cuando andaban de novios, tenían que ir en pos de "la oportunidad" para el besito robado. Así que, ¿es realmente debido a los niños o a falta de interés? ¿O acaso es más fácil decir que no y ya? He oído a muchas mujeres jóvenes decirme: "El sexo no lo es todo, hay cosas más importantes en el matrimonio". ¿De veras? Bueno, dile eso a tu esposo y me cuentas. Por otra parte, tienen razón. Las finanzas, la comunicación, la buena convivencia diaria, compartir los mismos intereses, todas estas cosas son importantes en un matrimonio. Pero recuerda, la mentalidad del hombre es distinta a la tuya.

Jamás olvidaré un profesor universitario de Psicología Anormal, que era un profesional sabio, brillante y sumamente respetado. Mientras estudiábamos el capítulo de relaciones de pareja y matrimonios, nos dijo: "El sexo es el índice de comunicación y bienestar en un matrimonio. Trasciende más allá del mismo momento y la comunicación que ocurre durante ese acto, es vital para todas las otras formas de comunicación en el matrimonio. Esto es cierto en las dos direcciones. Si la relación íntima no es satisfactoria, eso indica que la pareja tiene problemas que tiene que resolver. Como si eso fuera poco, el malestar que surge de esa insatisfacción, alcanza negativamente los otros canales de comunicación en la pareja. Cuando la relación conyugal es satisfactoria, los desacuerdos son mucho más manejables. Todo este mecanismo suele ser imperceptible a la conciencia humana. Ocurre y la pareja no entiende qué está pasando".

Jamás he olvidado esas palabras. Las parejas perciben el aspecto íntimo con un alcance limitado. Realmente, cubre todos los aspectos de comunicación conyugal.

Capítulo 9

REFUERZO POSITIVO

S ER PADRE NO es fácil. Requiere aprendizaje y mucho trabajo duro, rompiendo esquemas sociales internalizados desde siempre. Los hombres proyectan fuerza y dureza, pero la realidad es que le tienen más temor a la crianza de los hijos que las mujeres, y hasta sienten miedo. Las mujeres tienen la ventaja del respaldo de su formación. Muchos hombres se crían sin experiencia directa con los infantes, y esa falta de experiencia complica todavía más la transición a la paternidad. Por eso necesitan apoyo, dirección y mucho reconocimiento, para ayudarles a lograr comodidad en su rol de padres.

Algunas mujeres colaboran más que otras en que sus maridos aprendan los quehaceres básicos de la paternidad. Les brindan dirección a la hora de cambiar los pañales, darle de comer al bebé y bañarle. Permiten a sus maridos desarrollar su propio estilo de hacer las cosas. Este tipo de apoyo es necesario para ayudar a un hombre a cuidar de un niño por cuenta propia, pero no basta para convertirlo en padre. Se complementa con un enfoque que incluya su mente y sus emociones, los cuales discutiremos más adelante en este capítulo.

Muchas mujeres no entienden cuán frágiles son sus hombres. Ellas se creen el estoicismo que ellos aparentan, o confunden su timidez con desinterés. Otras mujeres se niegan a permitir que "otro" cuide de sus hijos. El instinto sobre protector puede ser tan fuerte como para abrumar al padre y, por consecuencia, muchos hombres quedan fuera de la paternidad diaria.

Ésta es una situación peligrosa porque si el padre queda fuera del cuidado diario de sus hijos, se puede llegar a distanciar de ellos, o llegar a resentir el tiempo que consumen de su madre. Después de todo, el padre fue primero un cónyuge para la madre, y cuando se ve suplantado, se siente excluido. Algunos hombres no tienen la seguridad en ellos mismos como para compartir la atención y el amor de su cónyuge.

La forma en que algunos hombres reaccionan a la llegada de un bebé es similar a la de un niño a quien le traen un hermanito a la casa. Los hermanos mayores muestran, con frecuencia, ira o resentimiento hacia estos nuevos miembros de la familia, e incluso hacia los padres que los trajeron a casa. El hombre ve a su esposa brindando atenciones a su bebé y no puede aceptar la pérdida de intimidad física e interacción emocional que una vez compartió con ella.

La necesidad de aprobación

La gente posee un deseo natural de ser aceptada y recibir aprobación, algunos en un grado mayor que otros. Anhelamos la aprobación de nuestros padres, nuestros compañeros y de nuestras parejas. La pregunta es si la necesidad de aprobación de un hombre interfiere con su sentido de identidad propia, o si puede aprender a compartir tiempo y energía con sus hijos. ¿Cómo es que la familia moderna balancea la individualidad con la necesidad de aprobación?

La tendencia moderna en las disciplinas religiosas, humanistas, y sicológicas es de ayudar a las personas a dejar atrás su necesidad de aprobación. La idea es ayudarnos a abandonar nuestra dependencia de los demás para poseer una buena autoestima. Naturalmente nos gusta la aprobación, pero debemos saber vivir sin ella, para no exponernos a gente que la utilizan para manipularnos. Otras personas son incapaces de reconocer ni aprobar a alguien, y eso nos duele. No te agotes esperando una aprobación que nunca va a llegar y no es culpa tuya, sino problema del otro. La única aprobación que deberíamos tener y buscar es la de Dios.

Todos hemos visto a los adolescentes empujarse a sí mismos en una de dos direcciones: hacia la aprobación de sus padres (en ocasiones, a expensas de sus deseos personales), o de manera radical, en contra de los deseos de sus padres. Ambos persiguen con desesperación la atención que no reciben.

Cuando se trata de hombres adultos, la necesidad de aprobación sigue latente. Aunque un hombre confíe en sí mismo y en sus habilidades, le gusta saber, de boca de su esposa e hijos, cuán bien lo hace. Muchas mujeres no saben cómo dar esta aprobación de una forma genuina, y hasta les molesta hacerlo bajo el pensamiento de: "Él tiene que hacer lo que le toca. Yo no lo voy a premiarlo por hacer lo que se supone que haga". Es correcto. Eso es lo que se supone que haga. Sin embargo, ¿tienes una idea de cuántos hombres no hacen lo que se supone que hagan? Mírate a ti misma. No todas las madres hacen lo que les corresponde. Si tú cumples con lo tuyo, ¿no te gustaría que te lo reconocieran? En eso todos nos parecemos.

Es crítico que papá cree conciencia, en el lenguaje claro y directo que él entiende, que es muy importante en su familia. Debe saber que la salud, el bienestar y las futuras familias de sus hijos dependen de él. Hay varios tipos de apoyo positivo que podemos utilizar para edificar la confianza paterna. Estos tipos de apoyo tratan la autoestima y confianza en el hombre mismo. Por supuesto, partimos de la premisa de que estamos tratando con hombres poseedores de un grado normal de salud mental.

Auto aprobación

El primer tipo de aliento positivo viene de adentro. Para lograr su auto aprobación, el padre tiene que "educarse" a sí mismo, practicar el rol de padre, ver los resultados de su "buen trabajo" y comenzar a desarrollar sus propios estándares de logros. Mamá, es probable que papá te observe y te pregunte, para saber si está haciendo bien su trabajo.

Una buena manera de mostrarle a tu hombre que confías en él es apelando a su naturaleza. La crianza de los hijos es un arte y una técnica, y los hombres pueden entretenerse desarrollando su propia técnica. Si tienen la oportunidad de crear alternativas para atender al bebé o resolver sus asuntitos, aprenderán a disfrutar el proceso. Algunos hombres son competitivos por naturaleza y quieren mejorar sus técnicas. Dale a tu hombre una oportunidad, y lo verás corriendo para ver cuán rápido puede cambiar un pañal; para descifrar maneras nuevas de ponerle la ropa a tu hija o hijo sin que grite cuando se la pase por la cara; o para lograr dormir al bebé cuando ya no funcionan los recursos que conoces.

El amor y la aceptación del niño

No hay sentimiento en el mundo que iguale el de mirar a tu recién nacido y que te devuelva la mirada. Nada se compara. El amor de un padre nuevo, normalmente, es incondicional, dependiendo de las circunstancias bajo las cuales nació el bebé. Un niño es tan puro, tan libre del cinismo y pesimismo, que uno no puede sino ver gozo en su llegada.

Los niños no guardan rencores. No tienen juicios ni condenaciones acerca de las condiciones de sus padres. Sólo quieren ser amados y cuidados; es todo lo que piden. Para los recién nacidos, eres perfecto(a). Eres mami o papi, y posees la habilidad de tranquilizarlos, arrullarlos, y hacerles sentir que son especiales y amados. Lamentablemente, algunos padres no ven este amor de manera inmediata.

Algunos padres nuevos pueden confundir la particularidad o los cólicos de un bebé con una incomodidad con ellos, o con una preferencia del bebé hacia un padre o el otro. Proyectan en el niño sus sentimientos de decepción y frustración, como si el bebé tomara una decisión consciente de ignorarles, o de llorar en sus brazos. Este sentir es peligroso porque engendra una amargura hacia un bebé que no tiene la capacidad de decidir lo que siente o cuando llora. El bebé siente esa amargura y la va a expresar llorando y con intranquilidad.

Aún los bebes tranquilos no siempre son "amorosos". Los días y meses que siguen al nacimiento son tiempos sumamente delicados. Los padres, especialmente los padres nuevos, no tienen idea de a qué atenerse, y muchos de ellos se sienten vulnerables. Ahora son responsables por otro ser humano, y no siempre saben qué hacer, sentir o decir.

Anticipan una euforia tras el nacimiento de la criatura, y no están preparados para el cansancio y el estrés que viene con el cuidado de un recién nacido. Para algunos de estos padres, estas expectativas perdidas crean desilusión. Se sienten como si la experiencia perdiera su valor, y pierden parte de la conexión con sus hijos.

La forma en que ambos padres se sienten tras un nacimiento puede representar un problema serio. En algunas mujeres, la depresión postparto adormece los sentimientos. En casos extremos, carecen de sentimientos hacia sus hijos, y puede requerir tiempo y tratamiento médico para superar la situación. Para papá, la situación es un poco diferente porque sus sistemas biológicos no están tan descontrolados, pero aún puede ser difícil forjar un lazo entre padre e hijo.

Esto parecerá increíble para los padres que se enamoran inmediatamente de sus recién nacidos, pero todos manejan la paternidad de manera distinta. En el momento en que nace el bebé, las vidas de ambos padres cambian para siempre. Hay una vida que se marca antes y después de la criatura. Esta transición tan poderosa y repentina puede llegar a afectar el estado mental de una persona.

Para algunos hombres, el nacimiento de un niño es visto como el principio de una carga vitalicia porque el niño es el resultado de un "accidente", o porque la relación con mamá es hostil o se ha desintegrado completamente. Estos hombres están cegados por su ira y resentimiento, así que ignoran el lazo obvio con el niño. Es como si quisieran distanciarse porque la admisión de amor hacia el niño constituye, a su vista, una aceptación de esa situación. Ésta es una manera terrible de tratar a un niño.

Los niños no tienen culpa alguna. No tienen malicia ni resentimiento. Su llegada en medio de un conflicto puede afectarles negativamente de por vida, debido a que los padres proyectarán sus iras y temores hacia el niño, como si hubiera hecho algo malo o empeorado la situación. Para hombres como éstos, siempre existe la esperanza de que sus corazones se suavicen al ver a sus hijos crecer.

Como padre nuevo, es fácil distraerse y abrumarse con el sentido arrollador de responsabilidad. Mientras más tiempo pases con tu hijo, más propenso estarás a sentir el lazo íntimo que existe entre ambos. Los niños aprenden cosas nuevas todos los días, y cuando un hombre ve a su hijo reírse por vez primera, o aprender a gatear y caminar, le ayuda a ver cuán especial es su hijo. Cuando el niño le sonríe o le dice "papá" por vez primera, tiene casi la certeza de sentir el amor puro emanando de su hijo.

Aprobación de mamá

Recuerda siempre que tu cónyuge y tú encontraron una chispa entre sí, antes de que tuviesen un hijo. Ambos deben mantener eso presente y separar tiempo para ayudarse mutuamente a sentirse mejor. Por más difícil que sea, busquen tiempo para trabajar en su relación y disfrutarla. Aprovechen las visitas de familiares de extrema confianza para retirarse a conversar, a dormir una siesta, tomar un respiro cenando fuera o bebiendo un café, o ver una comedia. Si los pone nerviosos salir, alquilen una película y enciérrense en su dormitorio. Es muy importante que, en medio del torbellino, se atiendan el uno al otro.

A medida que los hijos crecen, su conducta demuestra el trabajo de sus padres. Los resultados de una buena crianza son una recompensa paterna por sí sola. Sin embargo, volvamos al hecho de que el hombre necesita escuchar a su esposa reconociendo sus esfuerzos. El refuerzo positivo no se trata de mentirle a papá. Una mujer no debería decirle a su marido que lo hace bien cuando ése no es el caso. El refuerzo positivo pretende ayudar a un hombre a convertirse en un mejor padre con el pasar del tiempo. La paternidad es un tipo de escuela donde los padres nunca se gradúan. Siguen aprendiendo, y aprendiendo, y hacen su mejor esfuerzo por ayudar a sus hijos a convertirse en personas de bien.

Si un hombre puede creer en sí mismo y en sus habilidades como padre, y combina esa creencia con paciencia y perseverancia, entonces va en camino a ser un gran padre. Si papá es capaz de ver el amor que su hijo siente por él, tendrá mayor conciencia de la razón por la cual se levanta de noche, cambia pañales, y soporta la frustración de aprender a ser padre. Si su pareja lo apoya en este esfuerzo, llegará a ser un gran padre presente, para el bien de toda su familia.

Capítulo 10

DIOS: EL PADRE OMNIPRESENTE

"Aunque mi padre y mi madre me abandonen,
el Señor me recibirá en sus brazos".

SALMO 27:10, NVI

HAZTE ESTAS PREGUNTAS. Si no pudieras confiar en el padre biológico que ves y tocas, ¿cuán fácil se te haría creer en un Padre que no puedes ver ni tocar, ni escuchar, ni oler, ni percibir con tus sentidos? Si no tuvieras un padre protector a quién admirar, ¿cómo puedes creer que hay un Padre celestial que no duerme guardándote y que envía a sus ángeles para que te guarden en todos tus caminos? Si tuvieras un padre biológico abusador, intolerante, condenador, que no te escucha ni enjuga tus lágrimas, ¿cómo puedes creer que hay un padre que te ama, te perdona, y te envía un Consolador para que te ayude? Estarías preguntándote dónde estaba Dios cuando tu padre abusó de ti. Si sencillamente tu padre no está, ¿cómo te convences de que tienes un Padre omnisciente y omnipresente que nunca te desamparará?

Ése es el conflicto de muchos que no han llegado a los pies de Cristo. La ausencia de padre es un problema espiritual, y causa, a su vez, grandes desbalances espirituales. Es un ciclo vicioso. Las personas que crecen sin padre o con un padre que no cumple con su rol se resisten con fuerza a desarrollar su fe en Dios, aceptar a Cristo y descansar en la Palabra. A veces pueden manejar el concepto de Dios, pero no el de Dios como

Padre. Inconsciente y, a veces conscientemente, se les hace muy difícil desarrollar dependencia de Dios.

En el hombre la dificultad es mayor que en la mujer. A la mujer, aunque sea muy independiente, la crían con cierta idea de dependencia. Tiene libertad y aceptación social para llorar, apoyarse, debilitarse y buscar ayuda. En ese proceso, llegar a Cristo, pedir la ayuda de Dios e ir a la iglesia se le hace más fácil y se espera de ella que se proyecte como frágil.

El hombre, desde antes de lo que su mente pueda recordar, fue programado para parecer fuerte, pretender que no necesita a nadie, y asumir actitudes defensivas como las de "no me hace falta ningún padre". Su interior no está preparado para someterse, y mucho menos a alguien que no ve. Ése es un mecanismo que le obliga a querer mantener el control de todo. Si se rinde a Dios, a esperar en Él y tener fe, pierde todo el control y eso le da miedo. Tiene que pasar por una situación estremecedora donde la obra de Dios sea tan obvia y palpable, que su espíritu reciba la fe de una manera sobrenatural. Mientras tanto, le pueden hablar veinte años, y no va a creer lo que oiga. Por eso es tan importante orar y permitir que obre el Espíritu Santo.

Con esto entendemos la razón por la cual una nación donde un 75% de la población es cristiana, tiene tan altos índices delictivos y un problema tan serio de paternidad ausente. En una nación fundada "bajo Dios", muchos niegan la existencia de Dios, la negocian a su manera o se proponen nunca convertirse en cristianos activos. Miles de personas rechazan el concepto de la espiritualidad y la conexión con Dios, aparte de toda doctrina estructurada. ¿Y qué se puede esperar de personas que rechazan o desconocen su propia espiritualidad? Un desbalance total de la persona porque somos seres espirituales trinos, es decir, viviendo en una trinidad, aunque a muchos no les guste o no lo entiendan.

El niño o infante no sabe reconocer su espiritualidad, aunque tiene unas percepciones espirituales asombrosas. Si su ejemplo masculino (padre) se ausenta de cualquier forma (física o emocionalmente), no tiene manera de transferir una imagen paterna positiva, a la imagen paterna de Papá Dios. Está en peligro de no poder desarrollar la vida espiritual que todos necesitamos para superar las situaciones que se salen de nuestro control. No tan sólo carece de un padre terrenal, sino se le hace difícil aceptar a un Padre celestial. Se le hace igual de difícil rendirse y adoptar la fe, que es nuestro sustento en Cristo.

La situación se complica si su padre ausente es cristiano o funciona como tal. Se me hace muy difícil llamar "cristiano" a un hombre que no es responsable ante sus hijos en cualquiera de las áreas donde ellos le necesitan. Hay que tener una disociación espiritual y mental bien seria para orarle a un Dios Padre tan amoroso, y no hacer lo mínimo por imitarlo y ser un buen padre para sus hijos.

Entre todas las maravillas de vivir en Cristo, está tener acceso a los mejores ejemplos de conducta (Dios y nuestro Señor Jesucristo) y tener de guía, morando dentro de nosotros, al Espíritu Santo de Dios. El mejor ejemplo que un padre cristiano puede dar es que es ejemplo del Dios Padre en quien dice que cree. Sus esfuerzos deben dirigirse a que el hijo no tenga la menor duda de que su papá sigue el ejemplo del amor de Dios, y que ése es el que él debe seguir con sus propios hijos. Cuando el padre terrenal imita al Dios Padre, su hijo desarrolla su fe en Dios con mucha más facilidad y menos resistencia.

Al estudiar el desarrollo de las civilizaciones, observamos que el hombre siempre ha recurrido a un ser superior para apoyo, cuando las situaciones no están bajo su control. La religión ha sido parte del sistema de creencias de muchas personas, por siglos. Inclusive la ciencia reconoce el poder de la fe. Se necesita una vida espiritual sólida para sobrevivir a los embates de la vida. Cada religión y sistema de creencias concordaría con esta declaración. Pero, ¿cómo creer en eso si lo que vives contradice lo que oyes? Tu hijo tiene que ver a un padre que le da testimonio.

Aunque muchos de los hijos de padres ausentes no encuentran su camino hacia Dios, otros reaccionan en sentido contrario y lo buscan. Su falta de padre es tan grande, su desconsuelo o falta de dirección es tal, que son terreno fértil para abrazar la fe y aceptar a Cristo. Toman la firme determinación de asirse a ese Padre celestial de quien tanto les han hablado, y adoptarlo para remplazar a su padre ausente. Permiten que el Espíritu Santo opere en ellos y se convierten en hombres balanceados, hacedores de la Palabra y testimonio para sus hijos.

Las iglesias tienen mucho trabajo

En la Introducción de este libro, señalé que voy a presentar los problemas, pero también voy a recomendar soluciones. Aparte de todas las alternativas terrenales que he ido ofreciendo, es momento de examinar la primera alternativa: Dios. Sin Dios nada podemos hacer. Y el que lo pretenda, pierde su tiempo y su energía.

Yo hice profesión de fe en una iglesia bautista cuando tenía diez años de edad. Era la única cristiana en mi casa. Me separé de la estructura de la iglesia durante diez años. Nunca me aparté del Señor. Contaba con Él para todo. Oraba a diario por las mañanas y por las noches, visitaba iglesias, pero no perseveraba. Regresé a la estructura de la iglesia hace treinta años.

Fui ordenada ministro hace siete años. Me he pasado la vida dando gracias a mi Padre celestial por ser mi Padre. El versículo bíblico que me ha acompañado y reconfortado toda mi vida es el que presenté al principio de este capítulo. Nada en absoluto llena el espacio de un padre ausente, como Dios y nuestro Señor Jesucristo. Me consta, lo creo, y por eso, las iglesias tienen que tomar la iniciativa de luchar contra el problema nacional de la ausencia y la ineptitud paternas.

Los estudios indican que las madres, en general, piensan que las iglesias pueden ayudar a hacer de los hombres mejores padres. La población, en general, piensa que las creencias religiosas firmes y los valores conducen a la buena paternidad. No los podemos decepcionar. Aunque algunas de esas personas no asistan a la iglesia, para ellos todavía somos su esperanza.

No voy a llorar por aguas pasadas ni voy a preguntar dónde estuvieron las iglesias mientras crecía este problema, que es causa directa y probada de tanto descalabro familiar y social. Lo importante es empezar a trabajar ya. La labor no es de poner remiendos a heridas pequeñas. Es una labor organizada, planificada y trabajada desde sus raíces.

Exceso de tolerancia y falta de orientación

A veces las iglesias son muy estrictas para ciertas cosas y muy laxas para otras. Yo sé que hay muchas situaciones administrativas, pero tiene que haber un punto medio entre promover el evangelio de Dios y administrar. Si el Señor, con su sacrificio en la cruz, nos consiguió el perdón de los pecados y el Nuevo Pacto, tenemos que honrarlo actuando correctamente. Cada vez que se vuelve a pecar, es como si se volviera a crucificar al Señor.

121

La incidencia de jóvenes cristianas (de todas las edades) conviviendo sin casarse y convirtiéndose en madres solteras es alarmante. Los padres de sus hijos, cristianos o no, huyen despavoridos. Ellas asisten a la iglesia y mientras algunos feligreses las condenan y humillan, otros se hacen de la vista larga o lo aceptan como bueno. Los demás están en la confabulación del silencio, mientras otras jovencitas están considerando hacer lo mismo que están viendo.

Las iglesias tienen que pararse firme y enseñarle a su juventud lo que le conviene y lo que no le conviene; lo que es permisible y lo que no lo es. Tienen que ir más allá de instruir literalmente en la Palabra de Dios, y enseñar lo que pretendía Dios cuando nos dio su manual de instrucciones. Tiene que perder el miedo a detener conductas nocivas entre los jóvenes y explicar las consecuencias de su conducta. Tiene que desarrollar el arte de "criarlos" espiritualmente sin que se vayan de la iglesia, pero no pueden seguir ignorando que los jóvenes cristianos se comporten igual o peor que los seculares. ¿Cuál es la diferencia de que conozcan a Cristo?

En otro aspecto, las iglesias tienen que llevar a los varones a asumir sus responsabilidades paternales. Tiene que dejar de promover al ogro condenador para dar paso a un padre que sepa dar ejemplo sin perder comunicación con sus hijos. Tienen que educar a los padres de todas las edades: al nuevo porque no sabe y al experimentado porque tiene malos hábitos. No puede ser que la Iglesia siga haciendo lo mismo que el mundo, que atiende demasiado a las mujeres y no está educando al hombre a ser un mejor padre ni un mejor esposo. Si seguimos educando a la mujer sin educar al hombre, vamos a seguir creando una sociedad dispareja.

Jesucristo hablaba de todos los temas, aunque proyectaba una profundidad espiritual sobre todo. Las iglesias tienen que partir de lo espiritual, pero tienen que provocar cambios positivos en las acciones de sus feligreses para cumplir con su misión de mejorar la sociedad. El mundo secular no puede hacerlo solo y no lo va a hacer usando a Cristo como inspiración.

Invirtamos recursos dentro de las iglesias para educar a los jóvenes, varones y niñas, a actuar de acuerdo a lo que les conviene para vivir mejor. Invirtamos en educar a los hombres adultos para que se renueven y se despojen de enseñanzas que no les ayudan a ser los padres presentes que les corresponde ser.

Dios Padre está presente

Además de las medidas preventivas que corresponden a las iglesias, están llamadas a redoblar esfuerzos para traer más "huérfanos" de padre al conocimiento de la verdad. Si cada joven o cada hombre que tiene un padre ausente o inefectivo, tuviera quien le presentara a este Padre fabuloso que no te deja, ni te desampara, yo estoy segura de que las consecuencias nefastas que yo he presentado aquí se reducirían muchísimo.

Todavía muchos hijos abandonados o hijos de padres abusadores van a la iglesia a buscar consuelo, y se les llena de sentimientos de culpa, les exigen que perdonen y les dicen que tienen que honrar a su padre. Yo creo en el perdón. Pero creo que el perdón tiene que relacionarse con un proceso de restauración. El Espíritu Santo se encarga de eso cuando ese hijo ha pasado por un proceso espiritual. Mientras tanto, no hay que hacerlo sentir culpable. Es importante ayudarle a desarrollar una relación personal con Dios, para que sane y se convierta en un buen padre para sus hijos.

Mira cuán poderoso puede ser saber que se cuenta con un

Padre lleno de amor. En una oficina de consejería psicológica, un profesional secular (es decir, no cristiano) trabajaba arduamente para ayudar a un hombre abandonado y maltratado por su padre. El cliente llevaba meses en tratamiento y tenía un serio problema familiar provocado por ese conflicto. En un momento crítico, el terapista sintió el impulso de decirle esta frase: "Hoy voy a decirte algo. Ése que tú llamas papi y por quien has sufrido tanto, no es tu papá. Él es la persona física por la que llegaste a este mundo. Tu verdadero papá es Dios. Tú eres, realmente, hijo de Dios". El impacto estremeció al paciente e inició, en un segundo, su camino hacia la recuperación. La Palabra de Dios dice en Mateo 23:9: *"Y no llamen 'padre' a nadie en la tierra, porque ustedes tienen un solo Padre, y él está en el cielo"*.

Capítulo 11

EL CAMBIO SOCIAL, UNA PERSONA A LA VEZ

L A DEFINICIÓN DE sociedad, según los libros de texto, sigue siendo la misma. Un hombre y una mujer forman una familia que es parte de una comunidad. Varias comunidades forman la sociedad. Los problemas y las situaciones que empiezan en la pareja, si se repiten con mucha frecuencia e impactan a los demás, se convierten en "problemas sociales". Tan pronto se convierten en "problemas sociales", esto es lo que ocurre:

1. Los individuos evaden su responsabilidad sobre sus propios problemas.

2. Como el problema es "social" y se convierte en algo común, los individuos y la sociedad comienzan a llamar esto "normal", no importa si el comportamiento es disfuncional o perjudicial.

3. Todos comienzan a culpar al gobierno y pretender que se invente una solución mágica.

4. Se justifica, fomenta y promueve la conducta irresponsable de todos.

5. Las personas comienzan a recibir beneficios secundarios por su conducta.

6. Como se recompensan los problemas que se convierten en conducta, la conducta problemática se considera "cambio social".

7. Cuando las estadísticas señalan el alto costo de esta conducta, el gobierno y la sociedad entran en pánico.

8. Cuando por fin intervienen, tratan los síntomas, pero no la causa.

9. No podemos subestimar el poder de la negación. Cuando la gente es criada de cierta manera, realmente creen que ésa es la manera correcta de vivir. Se requiere mucho esfuerzo para aceptar que hay una situación perjudicial, y se resisten a resolverla o cambiarla.

10. Por consecuencia, los problemas que realmente empezaron a nivel individual, no se resuelven.

Queremos soluciones a la paternidad ausente. Ya mencionamos a la Iglesia y a Dios como el primer medio de solución. La segunda posibilidad es el cambio social desde el individuo. ¿Se habrá hecho la contabilidad para ver, de los cien mil millones de dólares que nos cuestan las familias huérfanas de padre, cuánto se pudo haber ahorrado la nación, por ejemplo, con un programa educativo individualizado de entrenamiento para la paternidad?

Los esfuerzos de cambio tienen que comenzar con nuestra niñez, en el lugar donde tenemos una audiencia cautiva.

Los niños y los jóvenes pasan en la escuela gran parte de su día. La escuela es un instrumento de influencia muy poderoso. A fuerza de repetición, los alumnos se educan para convertirse en ciudadanos que puedan valerse por ellos mismos. Durante mis años escolares y universitarios me preguntaba por qué tenía que estudiar materias que nunca iba a utilizar en mi vida. Con el tiempo entendí que todo lo aprendido me sirve para tener una conducta general que me permite interactuar con una diversidad de personas, pero hubiera querido tomar cursos prácticos sobre realidades que, históricamente, todos vamos a vivir: matrimonio, crianza y familia. Creo tanto en esto que, cuando estudiaba universidad, a pesar de mi carga de cursos académicos, me matriculé de oyente con crédito en un curso de Administración del Hogar. Toda mi vida he usado los conocimientos de esa clase.

El currículo escolar en los Estados Unidos está dictado mayormente por políticos, sean miembros de la junta escolar, o miembros del Concilio Presidencial para la Educación. Leyes como *"No Child Left Behind Act"* (Ley de ningún niño rezagado, "NCLB" por sus siglas en inglés) han sido vitales para la educación estadounidense, pero el objetivo de esa ley era relacionado con las pruebas estandarizadas. Los legisladores tienen el poder para cambiar la manera en que los niños aprenden, y eso incluye aprender acerca de la paternidad, si lo convertimos en prioridad.

Siempre he creído que a los estudiantes en nuestro país se les enseñan cursos que no van a utilizar. Esta pérdida de tiempo comienza en la escuela elemental y continúa hasta terminada la escuela superior. Muchos de ellos bajan sus promedios académicos porque se les hace difícil asimilar un material que no refleja sus destrezas y no van a usar en su futuro trabajo. Los estudiantes obtienen mejores notas en aquellos cursos donde tienen sus mayores destrezas y les gustan.

Todo esto ha creado un vacío para la educación práctica. Siempre ha habido una realidad histórica que el sistema educativo ha pasado desapercibido: el matrimonio y la paternidad. Las únicas dos cosas que todos van a hacer en algún momento de sus vidas (aunque sea una sola vez) carece de apoyo educativo.

Si el sistema educativo ofreciera cursos de requisito acerca del matrimonio y la planificación familiar (con complejidad gradual y de modo más completo en la Escuela Secundaria), podríamos, de algún modo, manejar los efectos de las familias huérfanas de padre, y hasta reducir su tasa. Muchos niños y jóvenes huérfanos de padre llegarían a comprender lo que han estado careciendo, y evitarían esta conducta negativa. Otros serían más responsables en cuanto a su conducta sexual. Otros entenderían la responsabilidad del matrimonio y la paternidad.

Existe una gran contienda sobre cómo instruimos a nuestros hijos acerca de la sexualidad. Los legisladores han batallado por fondos para educación sexual que incluyan o no incluyan la abstinencia. Han abogado por campañas para evitar que adolescentes, con las hormonas alteradas, eviten tener relaciones sexuales (sin éxito, dicho sea de paso). Pero, ¿dónde está la educación sobre la responsabilidad? ¿Por qué todo lo quieren resolver con hacer asequibles a menores las píldoras anticonceptivas? ¿Cómo se puede cometer la inconsistencia de decir que a los dieciocho años ya se es adulto, si ya se sabe que millones a esa edad carecen de toda capacidad de responsabilizarse?

Algunos sistemas educativos tienen programas de educación sexual, diseñados con el fin de desalentar a los niños de ser padres mientras estén en su adolescencia. Estos programas proveen muñecos de infantes a los estudiantes, con la esperanza de que decidan tener sexo protegido, o mejor aún, que se abstengan de sostener relaciones sexuales, al ver las dificultades de la crianza de los hijos.

Pero, ¿qué clase de mensaje es el que envían estos programas? Al proveer a los estudiantes con un muñeco semejante a un bebé, para luego mostrar al niño como una consecuencia negativa, otra vez enviamos el mensaje incompleto. Estamos levantando una generación de niños con una educación paterna que enfatiza todos las percepciones negativas de la crianza de un recién nacido.

Nuestros adolescentes varones no saben cómo atender a un infante y mantener a una madre con hijos, o piensan que los hijos son un precio incordio a pagar por un error estúpido. Estamos equivocados en la forma de enseñar a nuestros estudiantes respecto a la paternidad. Pienso que es imperativo que comencemos a enseñarles a nuestros hijos la importancia de la paternidad, y lo positivo que es cuando se maneja correctamente y se posterga hasta la edad adulta.

Debemos comenzar en la escuela primaria, mucho antes de comenzar la educación sexual. Podríamos tener clases que se enfocan en la paternidad en general, pero más específicamente en ser papá, y lo que eso conlleva. Si los jóvenes en nuestras escuelas supieran lo que conlleva la paternidad y el rol que van a desempeñar como padres, quizás veríamos más hombres decididos a desempeñar un rol activo en las vidas de los niños que deciden engendrar. Probablemente tendríamos una generación que decida ser padres por decisión y no por casualidad.

La necesidad para estos problemas expone una carencia general de educación práctica en nuestras escuelas. Por ejemplo:

¿Cuántos niños salen de la secundaria sabiendo cuadrar una chequera, o sabiendo lo que es en verdad una hipoteca? ¿Cuántos saben alquilar un apartamento o manejar deudas? ¿Por qué no se les enseña a nuestros hijos la realidad de la vida diaria? Entonces, ¿por qué no incluir un currículo que explore lo más importante que la mayoría de las personas harán en sus vidas: la crianza de sus hijos?

El currículo no tiene que ser extenso ni complicado. Trátese el fundamento de dos asuntos principales:

1. La realidad de que el sexo irresponsable los puede llevar a ser padres sin ellos desearlo.

2. Finanzas personales: cómo preparar un presupuesto de gastos e ingresos, a nivel individual, de pareja, y de familia. Esto es perfecto para que vean la realidad sobre la necesidad de educarse y generar ingresos, y proyecten el dinero que van a tener que producir cuando tengan un hijo. Con esta parte del curso, van a pensar mucho mejor.

3. Cómo atender, física y emocionalmente a un infante y a un niño, según va creciendo

Al mostrarles a nuestros jóvenes las realidades cotidianas de la paternidad (sus recompensas, sus estreses, sus tareas), podemos impartir un mayor sentido de responsabilidad y ayudarlos a retrasar sus decisiones hasta que estén maduros. Yo pienso que menospreciamos la inteligencia de nuestra población juvenil. Creo que nuestros jóvenes, son, en general, muy inteligentes, pero están por su cuenta y sin información adecuada. La educación práctica tendría muy buenos resultados.

Para quebrantar el ciclo de las familias huérfanas de padre, es necesario que la sociedad cambie, un individuo a la vez. Los cambios sociales no ocurren de otra manera. Con un enfoque renovado hacia la educación de los hombres respecto a la paternidad y un impulso de las mujeres para lograr la participación de sus parejas, podemos comenzar el proceso de restauración de la unidad familiar.

Si queremos contribuir a la reducción del crimen y de otros problemas inducidos por la desintegración de la familia, tenemos que llegar hasta los jóvenes en el lugar donde componen un mercado cautivo: las escuelas. El currículo tiene que reflejar la realidad de que todos algún día se convertirán en esposos, esposas, padres, y madres.

Tal vez tome tiempo y recursos que el sistema público implemente un plan como esto. A los colegios privados se les haría más fácil integrar estos cursos modelos y probar su efectividad. Los alumnos de estas instituciones son tan parte del problema como el resto de la población juvenil. Recuerde que los estudios indican que el factor socioeconómico no tiene que ver con el impacto de los padres ausentes. Este problema nos arropa donde quiera.

Capítulo 12

APLICACIÓN LEGAL

"...después de todo, no son los hijos los que deben
ahorrar para los padres, sino los padres para los hijos"
2 Corintios 12:14 (nvi)

E S IMPOSIBLE APLICAR legalmente la buena paternidad, pero la ley puede asumir un rol en motivar (u obligar cuando las circunstancias lo exigen) a los hombres a jugar un papel más activo y de mayor apoyo en las vidas de sus hijos. La ley también podría actuar anticipadamente para alentar a hombres y mujeres a obtener mayor información acerca de la paternidad, previo a tomar la decisión de comenzar una familia.

Antes de analizar lo que nuestros tribunales han hecho, es prudente estudiar lo que los legisladores y los tribunales están haciendo ahora. Las leyes que abarcan las responsabilidades paternas varían de un estado a otro, así como varían las leyes respecto al derecho y la responsabilidad matrimonial.

Un problema que enfrenta el sistema que utilizamos para hacer cumplir la manutención de menores (pensión alimentaria) es la noción de que el niño es adulto a los dieciocho años de edad y cesa de necesitar apoyo financiero. Nadie es adulto a los dieciocho años y, si usted le cree, le invito a recordar cómo usted pensaba y decidía cuando tenía a esa edad. Aún las personas que a esa edad tuvimos que comportarnos como adultos por obligación, sabemos que no teníamos todas las herramientas para sobrevivir. A los dieciocho años es cuando más apoyo financiero se necesita para prepararse para la vida. No obstante, la mayoría de los hombres piensa que sus hijos dejan de comer y de ir a escuela cuando el padre abandona el hogar. Inclusive cuentan los años, los meses y los días para dejar de aportar lo poco que aportan, si aportan. Los padres ausentes en casa cuentan el tiempo para que los hijos se busquen un trabajo y, si quieren universidad, que se la paguen ellos. Se ha perdido hasta el orgullo paterno de educar a un hijo.

Aunque la ley tiene un rol en asignar al padre su responsabilidad financiera, muchas jurisdicciones fallan en su deber de hacer cumplir la ley. Se supone que los tribunales apoyen a las madres en su lucha por manutención adecuada luego de un divorcio, o en la disolución de una unión de hecho, pero con recursos escasos la tarea es difícil. Muchas mujeres terminan teniendo que valerse por sí mismas para mantener a sus hijos.

Muchos padres divorciados gastan dinero en recursos legales para reducir las pensiones alimentarias, cuando sus hijos tendrían uso para ese dinero. Para colmo, tiene el respaldo de una ley que echa a la calle a un joven, sin la educación necesaria para vivir decentemente. Esto nos deja con un montón de muchachitos inmaduros y sin educación, buscando sobrevivir en el trabajito que encuentren con las pocas destrezas que tienen. Supongo que ahí debe haber un porcentaje que se convierte en criminal. Entre esos jóvenes hay buenos candidatos para la universidad, pero no tienen ni dinero ni una persona que los estimule a estudiar.

En otro sentido, tan pronto el niño cumple los dieciocho años (una edad en las cuales son completamente incapaces de vivir sus propias vidas y tomar decisiones sabias), su padre ni siquiera puede hacer preguntas médicas acerca de él, si su hijo no lo ha autorizado previamente. Se lo hacen difícil al padre que quiere ayudar.

Otro problema que enfrentamos es que, aunque el padre que abandona el hogar provea financieramente para sus hijos, no hay ley que lo obligue a ver a sus hijos, o a establecer buenas relaciones con ellos. Los derechos de visita de un padre están amparados en la ley, pero los hijos no tienen derechos reconocidos para reclamarles a sus padres por el tiempo perdido. No pueden obligarlos a honrar su visitación.

¿Habrá forma de mejorar el sistema legal para facilitar la buena paternidad? ¿Acaso podremos hacer cambios a nivel legislativo que motiven no tan sólo un cumplimiento financiero, sino una participación concreta de los padres en las vidas de sus hijos? La respuesta es complicada, pero en su esencia, es "sí" y "no". Podemos hacer cambios a nivel legislativo que ayuden a prevenir una mala crianza de los hijos, pero nunca podremos obligar a los padres actuales a *querer* participar en las vidas de sus hijos.

Parecerá absurdo plantear la idea de legislar la paternidad. Los defensores de los derechos civiles lo verían como atentado contra la libertad personal y la privacidad. Después de todo, muchos no quieren intervención del gobierno en sus vidas si no es para resolver o darles dinero. ¿Cómo será posible crear leyes para convertir a los hombres en buenos padres, si quisiéramos hacerlo? ¿Se limitarán estos cambios a los aspectos financieros y el régimen de visitas tras un divorcio o separación? ¿Dónde podemos actuar para ayudar con las medidas preventivas que nuestra sociedad necesita para resolver nuestra epidemia nacional?

Cambios en leyes

Según están estructuradas nuestras leyes, para muchos padres divorciados y no divorciados sus hijos son cargas que esperan soltar cuando ellos cumplan los dieciocho años de edad. No podemos obligar a estos padres a ver a sus hijos como el regalo de Dios que son, pero podemos enfatizar la participación vitalicia. Se pueden realizar cambios que mejoren el apoyo que los padres les brindan a sus hijos, aún si son padres ausentes: apoyo financiero después de la edad de los dieciocho años (incluyendo gastos educativos y cobertura médica); y cursos de paternidad como requisito para parejas candidatas al matrimonio, para parejas casadas y hasta para parejas divorciadas (para que aprendan a manejar la transición).

Los beneficios de la participación gubernamental en estas iniciativas sobrepasarían, por mucho, lo que tendrían que invertir. Habría un verdadero ahorro fiscal para el erario público. Pensemos en los cientos de millones de dólares que se gastan en programas sociales, en WIC (programa social dirigido a subsidiar la compra de alimentos para mujeres, niños, e infantes) y una gama de otros programas de apoyo a las madres solteras. Si pudiéramos convencer a los padres de asumir responsabilidad por los hijos que engendran, tendríamos hogares más estables y con mayor solidez financiera.

Muchos de nuestros padres ausentes no están casados con las madres de sus hijos, pero otros lo están. Esto brinda una oportunidad para un tipo de intervención. Cada pareja, al casarse, tiene que solicitar un tipo de licencia matrimonial, y algunos estados requieren que las parejas se sometan a pruebas de sangre tales como la del VIH/SIDA. Este proceso provee una excelente oportunidad para que el estado fortalezca sus requisitos de orientación paterna para quienes quieran una licencia matrimonial.

El estado exige a los comprometidos una licencia antes de casarse, pero no les pregunta a estas parejas jóvenes si tienen experiencia en el cuidado de los niños, o si podrán proveerles un buen hogar a sus hijos. Debido a las responsabilidades legales actuales, los gobiernos locales y federales le temen tanto a entrometerse en la vida de alguien o a crear una apariencia de intolerancia, que no se molestan en decir: "Necesitas tomar un curso de paternidad". La mejor manera de evitar la apariencia de discriminación es no discriminando. De todos modos, este es un problema de todos. No importa la situación financiera de una pareja comprometida a casarse, todos deberían tomar clases de paternidad.

Parecería que unas clases de paternidad administradas por el estado sería agregar burocracia al gobierno, pero los beneficios familiares y nacionales sobrepasarían cualquier inconveniencia. Los hijos cuyos padres no participaron en su crianza tienen mucha mayor propensidad a involucrarse en actividades delictivas y criminales, cuyo costo directo es de millones de dólares y el costo indirecto es incalculable. La medida se justifica lo suficiente.

Las clases que propongo no serían complicadas, y podrían complementarse con las clases que propongo para nuestras escuelas. De hecho, tendrían que ser parte de un programa educativo integral para lograr efectividad. No basta con darle un solo enfoque al problema de la paternidad ausente. Para cambiar las actitudes a nivel nacional, hace falta un esfuerzo conjunto para llevar el mensaje a la conciencia pública.

No importa cuán maravillosa sea la paternidad, no queremos que las parejas jóvenes se sientan apresuradas a tener hijos. Queremos que la gente traiga niños al mundo cuando estén listos a tomar un papel activo en sus vidas, y no antes. Y si después de haber tenido la vivencia de la paternidad, deciden no volver a tener hijos, sería sabio y maduro que lleguen a esa decisión.

Legislación

Nuestra legislatura puede jugar un papel muy importante en mantener a los padres involucrados con sus hijos de dieciocho años, al menos en un sentido financiero. Podría modificar las leyes de pensión alimentaria, para que si un hijo mayor de dieciocho años es un estudiante de universidad en buena fe, el padre esté obligado a contribuir al pago de su educación universitaria hasta que termine. Por supuesto, se debe contemplar en la misma ley, que el estudiante tenga que conservar un promedio general mínimo que le permita completar sus estudios en un tiempo razonable. La idea no es subsidiar estudiantes que pierden el tiempo en la universidad, sino aquellos que en verdad quieren educarse. ¿Puede imaginarse el dinero que se podría ahorrar la nación en becas y préstamos estudiantiles?

Algunos no estarán de acuerdo con medidas así, alegando que no podemos tratar a nuestros jóvenes de dieciocho años como adultos para algunas cosas y no para otras. Ya lo hacemos. Les permitimos a esos jóvenes pelear y morir por su patria, votar y casarse sin tener la madurez para hacerlo. Les damos libertad sexual sin los criterios de juicio adecuados, pero no les permitimos ayuda familiar para educarse y prepararse para que no sean carga ni para ellos ni para la nación. Yo no entiendo.

La otra parte de la inconsistencia es que tienen que esperar hasta los veintiún años para consumir bebidas alcohólicas, entre otras razones porque la incidencia de accidentes fatales en menores de veintiuno es altísima. Si ya sabemos que los jóvenes menores de veintiún años no son capaces de decidir que ya han bebido bastante, ¿por qué pensamos que tienen la capacidad de tomar las decisiones fuertes de la vida, o de sostenerse financieramente sin ayuda?

Nuestros tribunales familiares deberían tener el derecho a determinar, basado en la condición financiera de un hombre, el tipo de apoyo que puede promoverles a sus hijos y si debe o no estar obligado a mantener a sus hijos mas allá de los dieciocho años. Obviamente, si el padre también depende de la ayuda social, será difícil esperar que brinde apoyo financiero, pero un poco rinde mucho.

Resultados

¿Qué ganaríamos con esta gran intervención gubernamental? ¿Causaría un despunte en nuestros presupuestos estatales y federales? Para nada. Como hemos dicho anteriormente, nuestros gobiernos ya invierten miles de millones de dólares para mantener, educar, y encarcelar los hijos de padres ausentes. Esta epidemia cuesta miles de millones de dólares. Peor aún, seguirá produciendo niños con mayor propensión a la delincuencia y a ser padres ausentes. No podemos quedarnos de brazos cruzados mientras sigue sin arreglo un hogar tras otro.

Si tan siquiera algunos de estos programas dieran resultado, las cárceles y centros de detención juvenil tendrían menos habitantes, y la nación se beneficiaría mucho. Imagínate el intelecto y la creatividad que se desperdician cuando un niño sigue el camino del crimen y la delincuencia. Si pudiéramos mantener a estos niños en la escuela y lejos del crimen, podríamos desarrollar sus talentos para reforzar nuestra fuerza laboral.

Es digna de reconocimiento la labor de varias entidades sin fines de lucro dedicadas a aliviar este problema, educando a miles de padres a ser buenos padres y ser padres presentes. Sin embargo, hace falta el esfuerzo concertado de todos para ver cambios significativos. Tenemos una responsabilidad con nosotros, nuestros hijos y las próximas generaciones.

Capítulo 13

REALIDAD PRESENTE

A ESTAS ALTURAS, ESTARÁS pensando que he pintado un cuadro utópico de la paternidad, o que mi visión es muy optimista. Te preguntarás qué puedes hacer ahora mismo con la situación que tienes en tu hogar. Yo sé que cuando luchamos con el exceso de cargas físicas, financieras y emocionales, o con una esposa que no entiende los esfuerzos, o un esposo que no nos ayuda, no vemos la salida. Cualquier sugerencia nos parece imposible de intentar. Precisamente en ese momento que nada parece funcionar, es que uno debe atreverse a intentar alternativas.

Si tu vida es perfecta (no creo), siempre hay espacio para mejorar, ser feliz en medio de lo que sea, y ver las lecciones de los errores.

En cuanto a si soy optimista, lo soy porque tengo un Ayudador que no falla. Cuando vivimos en Cristo, sabemos que el lloro puede durar toda la noche, pero a la mañana vendrá la alegría. Tenemos la victoria garantizada. Cada día aprendemos más a dejar a Dios hacer, consultarle, encomendarnos a Él, detener la ansiedad y obedecerlo cuando dice: "Estad quietos y conoced que yo soy Dios" (Salmo 46:10, RV).

141

El triste problema de la ausencia paterna en el hogar tiene solución. Podemos evitarla, impedirla, reducirla y resolverla. Lo que empezó por un efecto multiplicador puede reducirse por el mismo efecto multiplicador, uno a uno. Anímate.

Cuando papi está en casa (para papi y mami)

Comencemos con la gente que vive una realidad que yo considero manejable, aunque conlleve empeño. Hay hombres y mujeres que, en este mismo momento luchan con el "llamado" paterno y su matrimonio, y ven algunas sugerencias imposibles de llevar a cabo. Esto se debe a que la gente quiere soluciones instantáneas, sin poner esfuerzo.

Si tienes a toda tu familia, papá está en casa y están pasando por tropiezos en el camino, examina esto. La verdad es que cada alternativa ofrecida aquí funciona, y la he visto funcionar. Para que te dé resultado, papi y mami necesitan:

- Hacer una lista de las participaciones que mamá y los hijos necesitan de parte de papá. Sean específicos. El hombre necesita dirección precisa.

- Integrar actividades de diversión, aparte de lo que son deberes.

- Un acuerdo de trabajo en equipo. Nadie debe sentirse recargado.

- Comunicación franca, pero amorosa.

- Planificación

- Determinación

- Compromiso

- Paciencia

- Persistencia

- Reconocimiento de cada pequeño triunfo

- Autorecompensa y recompensa mutua por cada pequeño éxito

- Celebración de resultados

- Besitos y abrazos

- Mucho humor ante la situación y los tropiezos (el humor da respiro a las situaciones familiares y pone a la gente en perspectiva de lo que es importante y qué no lo es).

La vida diaria se complica tanto que se nos olvida reír. Cuando piensas bien en algunas discusiones matrimoniales o familiares, parecen libretos de comedias de televisión. Nunca olvides sonreír y reírte en tu hogar.

Recuerda los abrazos, los besos, el contacto físico, los "te quiero" espontáneos, de ésos que salen del alma. Los hijos los necesitan aunque se quejen en algunas etapas. Las parejas los necesitan. Los hombres se quieren hacer los más hombres y fingen que no les hace falta. Mentira. Se derriten cuando su esposa los acaricia espontáneamente. Muchas parejas después que se casan, no se expresan amor en público, cuando más permiso tienen. Besa y abraza a tu pareja y a tus hijos dondequiera que estén.

Papi tiene que estar genuinamente interesado en participar más en las vidas de sus hijos. Lo que se necesita es empezar y que mami lo ayude. Los hijos se encargan de recompensar los esfuerzos. La buena noticia es que el plan para lograr que papi participe en las vidas de sus hijos, funciona.

Cuando papi no está (para mami)

Tan cierto como tan triste, las realidades de muchas familias no son tan alentadoras. El plan proactivo que propuse sería demasiado tarde para ellos, y solamente Dios podría lograr el cambio. En esos casos, el problema de la paternidad ausente ha prevalecido y sólo hay tanto que se puede hacer. El cambio debe estar dirigido hacia lograr una madre equilibrada, tener hijos felices, y minimizar los efectos del síndrome del padre ausente. Toma en cuenta que, subconscientemente, la cicatriz siempre se va a quedar en tus hijos. Es cuestión de ayudarlos a desarrollar la salud mental y emocional que necesitan para tener una buena vida y establecer relaciones saludables en el futuro. En ocasiones también estamos en situaciones donde hay una sola opción: salir de donde estamos.

No tenemos el poder humano para cambiar la conducta de nadie. Hasta el Espíritu Santo respeta el libre albedrío. Los cambios en la paternidad ocurren cuando el hombre se determina a cambiar de manera voluntaria. Cuando la paternidad se ve afectada por cualquier tipo de abuso de sustancias, delincuencia, abuso, cualquier tipo de sicopatología, enfermedad u otra situación que intente contra la seguridad, el bienestar, o el desarrollo saludable de tus hijos, entonces, por favor, detén la negación y sálvate con tus hijos.

Tanto hombres como mujeres tienen que dejar de negar y excusar lo inexcusable, y comenzar a reconocer cuando sus compañeros carecen tanto de la capacidad como del interés en tener una relación funcional. Si bien hacen falta padres en el hogar, lo que verdaderamente hace falta son padres que puedan ocupar sus roles de forma responsable y exitosa. No te conviertas en una Madre Teresa a expensas de la salud mental de tus hijos y de la tuya. No te conviertas en una mártir, ni derroches tu vida y salud mental "por el bien de mis hijos, para que tengan un padre". De todas maneras, no van a tener padre y ellos mismos pueden convertirse en padres ausentes o disfuncionales. Ésa es una excusa pobre para una relación destructiva.

He estado exponiendo la necesidad de un padre en la familia. Todavía estoy a favor de ella, bajo circunstancias normales. ¿Cómo lidiamos con estas situaciones de orfandad de padre que no tienen cambio?

¡Por favor! No te apresures a buscarles un padre sustituto a tus hijos. No utilices esa excusa para cubrir tu necesidad de un hombre en tu vida. No comiences a recibir a hombres en tu casa, trayendo confusión para tus hijos. No permitas que todo hombre que conozcas tenga autoridad sobre tus hijos, ni les obligues a llamarlo "papi".

Comienza a aceptar, que malo o peor, tus hijos ya tienen padre. Se afectarán por lo que él es, pero tienen uno. Lo que puedes hacer es brindarles suficiente apoyo emocional y valores, para que puedan manejar su propia realidad y en el futuro, eviten modelar la conducta.

Por favor, sé firme y constante en hacerles reconocer que ni su conducta ni sus sentimientos tuvieron nada que ver con la ausencia del padre, ni la influenciaron en manera alguna. Ayúdales a entender que las personas tienen muchas razones para lo que hacen, y nada tiene que ver con ellos. Insiste en hacerles sentir que merecen ser amados y protegidos, que simplemente hay personas que no saben demostrar amor. Te parecerá muy profundo para un niño, pero te asombrará ver cuán fácilmente asimilan este concepto.

Tengo otro consejo que no te va a gustar. Aunque tengas razón en estar molesta, no bombardees a tus hijos hablándoles mal de su padre, ni permitas hacerlo a nadie más. No utilices a tus hijos para vengarte ni le permitas a su padre hacer lo mismo. Es injusto para ellos. Mantén esas relaciones separadas. A los niños les basta con el trauma, y necesitan de tu amor y paz. Si eres paciente, percibirán la realidad con menos dolor, y prevalecerá una buena relación entre tus hijos y tú. Cuando hay un padre ausente, los niños necesitan una madre amorosa y balanceada.

Responsabilidad ante la realidad (sólo para papi)

Hace poco, estudiaba las diferencias entre las generaciones (*Baby Boomers*, la Generación X y la Generación Y). A base de lo que leí, la Generación Y no se siente tan comprometida con los trabajos ni tiene el mismo sentido de lealtad que la generación anterior. Aparentemente, la variedad de opciones en el mundo de hoy justifica cambios abruptos en la vida de la gente. Me pregunto: ¿Será por eso que tantos hombres abandonan a compañeras embarazadas, deciden de repente no seguir casados, o abandonan a su familia sin previo aviso? ¿Pensaron que había tantas posibilidades en la calle que podían seguir corriendo como si estuvieran renunciando a un empleo? No es excusa, pero es posible.

Creo firmemente que la familia y la paternidad giran alrededor de las decisiones que tomamos y de nuestros valores personales. No deberían ser asuntos generacionales. En todas las generaciones, hay cosas que cada adulto responsable y maduro tiene que aprender acerca de las relaciones y los asuntos de la vida: ser responsable por las decisiones que tomamos, y enfrentarse a la realidad según llega.

En muchas personas, tan pronto el resultado de sus decisiones no es el que querían, reaccionan de cuatro maneras: culpando a otro; descartando la idea de que el suceso es resultado de su decisión; ignorando o negando la realidad que tienen de frente; o huyendo.

Un verdadero adulto, bien o mal, tiene que asumir responsabilidad por sus propias acciones y sus resultados. Si tú, varón, te convertiste en padre, sea que participaste en la decisión verbal del embarazo o no, tienes que enfrentar tu realidad: eres padre. Recuerda que, de otra forma, sí participaste en la decisión. El embarazo no es una acción involuntaria. Si tienes relaciones íntimas, siempre hay la posibilidad de un embarazo. ¡No te engañes!

Por tanto, deja de evadir el tema. Eres un padre, y ya. Ésa es la única relación permanente e inalterable que vas a tener. Te refiero a mi definición de "hombre" en un capítulo anterior, y no busques una salida porque realmente no la tienes. Es lo que es. Los niños no nacen con una dirección para devoluciones. Haz lo que te corresponde y hazlo bien.

Ante el divorcio (para papá y mamá)

¿Qué haces si tu realidad es la de un padre ausente debido al divorcio? Esta situación es muy complicada y sujeta a confusiones. No todas las parejas que se divorcian saben cómo tomar decisiones con respecto a sus hijos, y ahí es donde comienza el problema. Hagamos una lista de las situaciones entre parejas separadas o divorciadas.

1. Se divorciaron o separaron legalmente, pero no emocionalmente. Permanecen aferrados emocionalmente en amor frustrado, odio, o amor-odio.

Ciertamente nadie está dispuesto a aceptarlo.
Todavía hay apego y se manifiesta como necesidad de controlar a la ex-pareja.

2. Sientes mucha ira o se odian de parte y parte e
   involucran a sus hijos en el drama de ese odio.

3. Utilizan a los hijos para manipularse entre sí, o
   para tomar venganza el uno del otro.

4. Llenan a los hijos de información negativa del
   otro padre, aunque la información sea verdadera
   o no.

5. Los padres no cumplen con la pensión alimentaria. Parecería que los niños dejaron de comer
   cuando ellos se fueron de la casa.

6. El comentario frecuente de los padres es que
   no van a pagar pensión alimentaria porque no
   quieren mantener "a la ex".

7. Algunas madres pretenden vivir del sueldo del
   exmarido, y no usan en su hijo el dinero de la
   pensión.

8. Ambos padre y madre utilizan los derechos de
   visitación en contra del otro, lo cual significa
   que el hijo sólo ve a su padre cuando le conviene al padre o a la madre. Todo depende de
   la agenda personal de cada cual. Las visitas
   también se utilizan para controlar el paradero
   del "ex" o de "la ex".

9. Hay una falta crasa de conciencia sobre los mejores intereses del niño y una total indiferencia hacia sus necesidades.

10. No entienden que esto no gira alrededor de ellos, sino de los hijos.

11. Confunden las relaciones cordiales en el mejor interés del niño, con una amistad extrema.

12. Le permiten a su pareja nueva inmiscuirse activamente en las decisiones de los hijos, y les otorgan demasiada autoridad en el proceso de toma de decisiones que afectan a los hijos.

Podría seguir. Sin embargo, si hay parejas divorciadas y separadas que llegan a acuerdos razonables y manejan su "nuevo trato" en paz y madurez, muchas otras parejas lo pueden hacer. Hay padres que son excelentes padres, a pesar del divorcio. De paso, vuelvo a enfatizar que me refiero a personas normales. Las parejas que ponen la vida de cualquiera en peligro tienen que ser expuestas ante la policía, los profesionales de la conducta y los remedios legales.

La palabra clave es consenso. La meta común para el acuerdo y el compromiso al acuerdo es el bienestar de los hijos. Como padres, al menos deberían estar de acuerdo en los mejores intereses de sus hijos. Si se le hace tan difícil a uno de ustedes, entonces, busquen ayuda profesional para determinar la estructura del acuerdo.

Si no estás dispuesto a hacer esto, entonces ponte de acuerdo contigo mismo para:

1. Obtener información acerca del desarrollo infantil

2. Ora al Señor, medita y traza una línea entre el bienestar de tus hijos y tus propios intereses.

3. Define tus sentimientos hacia la madre o el padre de tus hijos.

4. Sincérate contigo mismo. Ya esa persona no es tu pareja. Tan sólo es la madre o el padre de tus hijos. Ésa es la única relación que les queda. Una mujer me preguntó, con mucha preocupación: "Cuando hablo sobre mi ex o lo tengo que presentar, no sé qué decir porque me suena feo decir: 'Éste es mi ex'. ¿Cómo lo presento?" Mi respuesta fue rápida: "Ya no es nada tuyo. Lo presentas así: 'Éste es el padre de mis hijos'".

5. Protege siempre a tus hijos, pero asegúrate de que estás realmente preocupado por tus hijos y no jugando tu propio juego. Es aceptable tomar cualquier medida si sabes con certeza que tus hijos están en riesgo, pero asegúrate de que haya una amenaza razonable, y no una que creaste para obtener control.

Aunque todo esto parece tratar solamente con el bienestar de los hijos, a la larga también se relaciona con ambos, mami y papi. Si están libres de la opresión del odio y logran restaurar sus vidas, podrán darles a sus hijos lo mejor de ambos y reducir el efecto de un papá que no vive en casa.

CARTA A PAPÁ

APÁ, EN ESTE libro te hemos hablado de muchas maneras. La repetición es la madre del aprendizaje. Es un principio educativo indiscutible. En esta carta, te resumimos unas sugerencias para facilitarte ser un padre presente y feliz.

Amado papá:

Eres muy importante. Tu influencia es poderosa. Tus hijos necesitan tu participación en sus vidas. Tu ausencia causa un daño indefinido en tus hijos y en los hijos de tus hijos.

Tu hija espera a ver cómo eres, para saber qué tipo de hombre va a escoger como pareja.

Tu hijo te observa para decidir la clase de hombre en quien se va a convertir.

No naciste sabiendo ser padre. Quizás no tuviste un padre que te enseñara. Todo eso es lamentable, pero éste es tu momento y ésta es tu vida. Éstos son tus hijos.

Son una gran responsabilidad. Pero nunca has tenido ni tendrás una carga más preciosa sobre tus hombros, en tu mente y en tu corazón.

Tus hijos son tu única relación indestructible sobre la tierra. La más larga distancia no termina tu vínculo de sangre. Imagínate que nutres ese lazo con amor, atención, apoyo, protección, cuidado, comprensión...¿Quién te separará del amor de tus hijos? Serán alegría en tu primavera, compañerismo en tu verano, tranquilidad en tu otoño, y paz en el invierno de tu vida.

Tal vez eres un padre muy joven, o en tu temprana adultez, o en tus cuarenta o cincuenta...En todas las etapas, los hijos nos retan de muchas maneras. Detrás de tu silencio y tu firmeza, hay un padre que quisiera hacer lo mejor, pero no sabe cómo...

Piensa entonces en tu paternidad como un privilegio de divino. Cocreaste a tus hijos y Dios te concedió la oportunidad de formar un ser humano, como Él nos forma a nosotros. Analiza con tu mente y tu corazón cuánto del Padre celestial tienes tú en ese rol y cuánto de esa imagen perfecta de Padre estás equipado para reflejar. No te asustes. Dios ya te dio el equipo y el modelo a seguir. Te corresponde reflejar esa imagen.

- Ama a tus hijos incondicionalmente. No significa que no los reprendas, ni que les permitas hacer todo lo que quieran. Significa que les hagas saber que los amas, a pesar de todo.

- Cumple tus promesas. Enséñalos a confiar en ti y a ser personas confiables y de honor.

- Provéeles generosamente dentro de tus medios.

- Enséñales a administrar el dinero con sabiduría.

- Despierta en ellos un nivel saludable de ambición por superarse y vivir en abundancia.

- Muéstrales que siempre pueden mejorar lo que ya tienen en recursos y habilidades.

- Sé ejemplo y modelo. Tus hijos aprenden de lo que haces, no de lo que dices.

- Perdona las equivocaciones de tus hijos. Enséñales a perdonar.

- Acepta tus errores ante tus hijos y, si es necesario, pídeles perdón. Enséñales a pedir perdón.

- Tus hijos, desde infantes, tienen sus días "buenos" y sus días "menos buenos", de acuerdo con su edad. Compréndelos. Tú también tienes días buenos y días no tan buenos.

- Asiste a sus actividades escolares y deportivas, aunque no te gusten. No se trata de ti, sino de tus hijos y tu relación con ellos.

- Escucha a tus hijos pacientemente y sin interrumpir. Tú eres su guía; no su fiscal.

- Cuando no los entiendas, mírate en su espejo a su misma edad. Vas a lograr ponerte en su lugar y guiarlos con sabiduría.

- Jamás insultes ni humilles a tus hijos. Reprende su conducta sin ofender su persona.

- Trátalos de acuerdo con su edad. No les exijas lo que su edad no puede entender.

- Observa las diferencias entre tus hijos. Cada cual tiene sus propias destrezas. Resalta las destrezas y evita las comparaciones.

- Celebra con entusiasmo las victorias de tus hijos.

- Apoya a tus hijos en sus derrotas. No los menosprecies. Enséñales a aprender la lección detrás de ellas.

- Disciplínales con firmeza y sabiduría; no con dureza ni crueldad.

- Controla tus corajes. No te desquites con tus hijos las frustraciones del día.

- Sé sabio con las decisiones sobre tus hijos. No tomes decisiones a la ligera.

- Piensa bien las decisiones que tomes sobre ti y las consecuencias que tendrán sobre tus hijos.

- Siempre considera el bienestar de tus hijos, por encima de tus propios intereses.

- Hazles saber que estás disponible para ellos en el momento más feliz y en el más difícil.

- Respeta y honra a la madre de tus hijos. Si es tu esposa, ámala y exprésale tu amor delante de tus hijos. Según la trates a ella, así aprenderán tus hijos a tratar a su madre y, los varones, a la madre de sus hijos.

- Desarrolla tu propia relación con tus hijos. Esa relación no debe depender de nada ni de nadie.

- Ríe junto a tus hijos. El humor compartido sana y alivia los pesares de la vida.

- Enséñales a tomar decisiones sabias y a escoger con la misma sabiduría.

- Muéstrales la importancia de planificar su futuro.

- Protege a tus hijos. En todas sus edades, van a aparecer amenazas que tú vas a observar mejor que ellos.

- Respétalos. Enséñales a respetar a los demás.

- Edúcales en la importancia del matrimonio y la familia.

- Desarrolla la sabiduría de dejarlos ir, poco a poco, de acuerdo con sus edades y sus capacidades.

- Nunca los abandones. Cuida que siempre puedan correr a tus brazos.

- Bendícelos a cada momento.

- Aprende de tus hijos. Con frecuencia son grandes maestros.

- Nunca veas como un "favor" lo que hagas por tus hijos. Todo lo que haces por ellos se resume

en cumplir con tu obligación ante Dios, ante ti y
ante ellos.

• Cree en sus capacidades, estimula sus sueños y
diles que tú sabes que ellos pueden alcanzar lo
que anhelan.

Y sobre todo, ora por tus hijos cada día y enséñalos a orar.
Recuérdales que, más allá de su papá, tienen un Padre celestial
que les ama, les protege, y que tiene el poder de cambiar cualquier desafío de la vida, en una gran bendición.

FUENTES DE INFORMACIÓN

E STE LIBRO ES resultado de muchos años de estudio, educación formal, vivencias y experiencias en consejería ministerial. El enfoque de las causas y las propuestas presentadas son originales de esta autora.

A esto se unen los valiosos datos aportados por la National Fatherhood Initiative (Iniciativa Nacional de Paternidad, NFI por sus siglas en inglés, www.fatherhood.org). La NFI se fundó en el 1994 para confrontar el creciente problema de ausencia paterna en todos los sectores poblacionales de los Estados Unidos. Su misión es mejorar el bienestar de los niños, aumentando la proporción de ellos que crece junto a padres responsables, comprometidos y participando activamente en sus vidas. Es una entidad sin fines de lucro, no partidista y no sectaria, con una estrategia basada en educar, equipar e involucrar a todos los sectores de la sociedad en la solución de este alarmante problema.

He aquí los títulos de los estudios:

Pop's Culture: A National Survey of Dads' Attitudes on Fathering (La cultura de papá: Una encuesta nacional de las actitudes del padre acerca de la paternidad)

Mama Says: A National Survey of Mothers' Attitudes on Fathering (Mamá dice: Una encuesta nacional de las actitudes de las madres acerca de la paternidad)

The Mothers' Perceptions to the Fathers' Good Parenting (Las percepciones de las madres hacia el rol correcto de los padres en la crianza)

The Father Factor/ Data on the Consequences of Father Absence (El factor padre/datos sobre las consecuencias de la ausencia paterna)

With this Ring... A National Survey of Marriage in America (Con este anillo... Una encuesta nacional del matrimonio en América)

Otras fuentes de información fueron:

www.childrensjustice.org/Effects of Fatherlessness: Effects of removing a father from the life of a child (Efectos de la paternidad ausente: los efectos de remover al padre de la vida de un niño)

Committee on Ways and Means, Subcommittee on Human Resources, Congress of the United States (Comité de formas y maneras, Subcomité de Recursos Humanos, Congreso de los Estados Unidos)

Sobre la autora

O FELIA PÉREZ ES escritora y ministro del Señor, nacida en San Juan, Puerto Rico, cristiana desde los diez años de edad. Durante más de treinta años fue una destacada periodista y editora en su país natal, desarrollando publicaciones especializadas en diversos temas en un periódico de circulación general. Creó, produjo y condujo *Cuéntamelo Todo*, el primer programa de radio de mercado dual en una emisora cristiana, con llamadas al aire, brindando soluciones prácticas a situaciones de la vida diaria. El mismo se retransmitía simultáneamente por televisión y radio, en la Cadena NCN.

Su pasión es realizar investigaciones sobre el comportamiento humano en relación con la Palabra de Dios. Uno de los más notables ha sido "Cómo vivir hasta los 120 años", cónsono con la promesa de Dios de que podemos vivir en salud por 120 años. Su trasfondo académico es en psicología, con numerosos entrenamientos en diferentes aspectos de esa disciplina. Es ministro independiente ordenada por International Holiness Pentecostal Church, entrenada como consejera por el Club 700. Su llamado ministerial evangelista es aportar conocimientos al pueblo cristiano, y educarle acerca del impacto real de la Palabra de Dios en todas las áreas de la vida.

Ofelia reside en la Florida. Tiene dos hijos: Sara Kulp y Aldo Rodríguez; y una nieta: Sofía.

Si desea contactarnos o enviar su testimonio, hágalo a la siguiente dirección:

Ministerio Living Miracles

PO Box 1271

Windermere, FL 34786

Web: www.milagrosvivientes.com

Email: ofelia@milagrosvivientes.com

Tel: 407-694-2994

Fax: 407-612-6385